MADEMOISELLE DE SCUDÉRY

Dans Le Livre de Poche :

DON JUAN *suivi de* LE MARCHAND
DE SABLE / DER SANDMANN
(Collection « Bilingue ».)

LES CLASSIQUES D'AUJOURD'HUI

E.T.A. HOFFMANN

Mademoiselle de Scudéry

Traduction de Loéve-Veimars

Présentation et notes de
Erika Tunner

LE LIVRE DE POCHE

© Librairie Générale Française, 1995, pour la présentation et les notes.

« Plus d'une fois, au milieu de joyeux compagnons et autour d'un punch bleuâtre, il lui est revenu d'amères pensées, des regrets du cloître et de la vie des vieux temps, et, comme il l'a dit lui-même, un amour inouï, un désir effréné pour un objet qu'il n'aurait pu définir. »

Sainte-Beuve, *Premiers Lundis*.

E.T.A. Hoffmann : autoportrait à la pipe.
Photo Étienne Hubert.

PRÉSENTATION

Le Paris du mystère et du crime, à une époque où fleurissaient l'alchimie, la sorcellerie et les empoisonnements, sert de cadre à *Mademoiselle de Scudéry*. Rédigé en 1818, publié la même année dans un almanach littéraire, ce récit au ressort tendu, où s'expriment les passions les plus redoutables, a été intégré ensuite dans le grand recueil de contes intitulé *Les Frères de Saint-Sérapion,* paru en quatre volumes de 1819 à 1821. Hoffmann y mentionne ses deux principales sources d'inspiration : *Le Siècle de Louis XIV* de Voltaire (1751, complété en 1756) et la chronique savante *De Sacri Romani Imperii Libera Civitate Noribergenso commentatio* (1697) d'un érudit de Nuremberg, Johann Christoph Wagenseil. S'y ajoute en guise de complément la lecture des *Causes célèbres et intéressantes* de Pitaval (1737), ouvrage très controversé, qui est, pour Voltaire, l'œuvre « d'un avocat sans cause et fait pour le peuple ». Schiller en revanche, puis Hoffmann, feront grand cas de ce témoignage qui révèle la face cachée du Grand Siècle, la trouble corruption d'une époque vouée par ailleurs au culte du Roi Soleil *Quand Maintenon jetait sur la France ravie / L'ombre douce et la paix de ses coiffes de lin*[1]. Juriste de profession, Hoffmann y découvre, avec un intérêt tout particulier, l'histoire de la Brinvilliers et la célèbre « affaire des poisons » : quiconque rencontrait un obstacle humain dans l'assouvissement de ses passions était assuré de trouver auprès de la « Marquise

---

1. Verlaine, *Sagesse*, IX.

des Ombres » un prompt moyen pour le faire disparaître. Les poisons qu'elle procurait ne laissaient aucune trace. « Depuis 1670 qu'Exili avait commencé à faire des poisons, jusqu'en 1680, ce crime infecta Paris », note Voltaire. Des personnes de haut rang furent impliquées dans l'affaire de meurtre par empoisonnement : il arrive que la dignité cléricale ne réponde pas pour autant à l'éthique chrétienne, comme l'illustre l'exemple du cardinal Bonzy.

Une apparente probité ne garantit pas une réelle innocence. Les tendances criminelles semblent avoir été réprimées par la seule peur d'être découvertes et sanctionnées : elles trouvent alors une séduisante opportunité de se manifester impunément. Psychologue averti, Hoffmann s'est toujours interrogé sur l'aptitude de certains êtres à vivre le crime au creux paisible de la conscience. Dans le canevas d'une telle société pour le moins ambiguë, il situe le sombre drame de l'orfèvre Cardillac.

C'est l'étrange histoire d'un vieux cordonnier vénitien, rapportée par Wagenseil, qui est en partie à l'origine du personnage créé par Hoffmann. Le cordonnier, considéré par tous comme un homme dévot et laborieux, attaquait voire assassinait et dépouillait les passants, une fois la nuit venue. Il agissait en toute impunité, jusqu'au jour où l'on s'aperçut que les agressions cessaient lorsqu'il tombait malade et reprenaient lorsqu'il recouvrait la santé. Pris sur le fait, il fut emprisonné. Aussitôt les ruelles de Venise redevinrent parfaitement sûres. A peine le cordonnier fut-il relâché que les crimes reprirent de plus belle. Arrêté enfin, il prétendit avoir fait vœu à saint Roch d'amasser une jolie somme et de vivre ensuite honnêtement.

Partant de ce fait divers, Hoffmann élabore un véritable roman policier avant la lettre. Ce genre passe pour avoir été inventé par Edgar Poe, avec *The Murders in the Rue Morgue (Le Double Assassinat de la rue Morgue)*, paru en 1841. Il atteint son apogée cinquante ans plus tard, lorsque Conan Doyle imagine le personnage de Sherlock Holmes. Mais il se pourrait bien que l'*inventeur* du genre fût Hoffmann. *Mademoiselle de Scudéry* réunit en effet, dès 1818, tous les éléments d'un schéma narratif destiné à faire fortune : une énigme inquiétante, une longue et tortueuse enquête, le coup de théâtre final d'un coupable inattendu, naguère « au-dessus de tout soupçon ». Tout cela s'inscrit dans un processus romanesque où l'auteur prend plaisir à manipuler son public : entre « l'effet d'annonce », la reprise d'un épisode ou le renvoi de l'un à l'autre, le recours à la fausse piste, le lecteur, dérouté, est tenté de suspecter les innocents et innocenter les coupables. Seul l'auteur connaît le dernier mot auquel nul ne s'attend.

Un jour de l'automne de 1680, vers minuit, on frappe violemment à la porte de Mlle de Scudéry. Qui est-ce ? Un brigand ? Un assassin ? Nul n'ignore à Paris les meurtres en série qui se déroulent tous de la même façon : les victimes sont des passants qui, munis de somptueux bijoux, se rendent tard dans la nuit à un rendez-vous amoureux. Le lendemain matin, ils sont retrouvés poignardés. Leurs bijoux ont disparu. La police enquête en vain. C'est seulement lors de l'assassinat de Cardillac, le plus habile orfèvre de tout Paris, que l'on croit avoir découvert le coupable : Olivier Brusson, commis de Cardillac, fiancé de sa fille Madelon, son unique héritière, est appréhendé. Tous les indices parlent contre lui, sa défense ne paraît pas crédible mais éveille plutôt de nouveaux soupçons. Pourtant « rien n'est plus trompeur que la réalité pure et simple ». Hoffmann aurait sans nul doute souscrit à cette affirmation de Conan Doyle.

Au cours de son récit, Hoffmann soulève de nombreuses questions : quelles sont les limites de la juridiction et des institutions judiciaires ? Par quels moyens peut-on percer à jour la psychologie du coupable ? Comment discerner les conditions problématiques d'une existence vouée à l'art ?

Le devoir de la police est de veiller à la sécurité et à l'ordre ; elle le remplit pourtant parfois avec des méthodes pour le moins douteuses. La « chambre ardente » a adopté le caractère de l'Inquisition. La Reynie incarne une justice déshumanisée et implacable. Redouté par tous, il agit au mépris des critères les plus élémentaires de la morale : le respect d'autrui, la pondération et l'impartialité dans le jugement. Par ailleurs, les représentants de la loi se laissent abuser par les artifices d'un faux rationalisme. Leurs raisonnements logiques sont impeccables mais leurs prémisses sont fausses car ils ne connaissent que le vraisemblable, qui bien souvent — et c'est ici que Hoffmann rejoint Boileau — est aux antipodes du vrai.

En apparence, Cardillac est « un homme d'honneur, franc, ouvert, désintéressé, toujours prêt à assister les autres ». Mais Olivier Brusson a pu sonder les profondeurs de son âme tourmentée et il dévoile à Mlle de Scudéry « les secrets du plus coupable et en même temps du plus malheureux de tous les hommes ». Respectable citoyen le jour, Cardillac se transforme en meurtrier la nuit. Quels sont ses mobiles et ses motifs ? Hoffmann pose d'abord le problème, souvent négligé, du poids de l'hérédité qui l'avait beaucoup préoccupé dans sa carrière de magistrat et qu'il utilise à maintes reprises dans son œuvre. Fasciné, obsédé même par l'éclat de l'or et des diamants, Cardillac est un « possédé », gouverné par des puissances démoniaques, et cela dès sa naissance, ou plutôt bien avant sa naissance. Dans les premiers mois de sa grossesse, sa mère a dansé avec un cavalier étrange portant à son cou une chaîne de pierreries dont elle ne parvenait pas à détourner les yeux. Qui est ce cavalier ? A-t-il conclu un pacte avec le diable ? Est-ce le Malin lui-même qui éveille la convoitise en la jeune femme ? Toujours est-il qu'elle saisit la chaîne au moment où le cavalier l'étreint avec ardeur, puis tombe mort, l'entraînant dans sa chute et la tenant prisonnière dans ses bras raidis. Cardillac réitère pour ainsi dire le geste « meurtrier » de sa mère où se rencontrent Eros et Thanatos. Il est né « sous une mauvaise étoile », précise Hoffmann à plusieurs reprises. Une passion irrésistible, voluptueuse, pour l'art de l'orfèvrerie l'habite tout entier. Le scintillement des bijoux se reflète dans « ses petits yeux gris, enfoncés et étincelants ». Il ne supporte pas l'idée de la profanation de ses œuvres par des mains ignorantes ou indignes. Se séparer de ses créations artistiques, c'est perdre soi-même. Aberration mentale ? Déviation pathologique ? Meurtrier monstrueux et pervers, certes, Cardillac n'assassine ses clients cependant ni par esprit de vengeance, ni par attrait du gain, comme ses contemporains impliqués dans

« l'affaire des poisons », tout au contraire : incarnation de l'artiste maudit, hanté par la possession des objets qu'il a tirés du plus profond de lui-même, il s'oppose radicalement à l'opportunisme et au mercantilisme de la société, il leur lance même un défi.

Un autre destin d'artiste nous est présenté avec la figure de Mlle de Scudéry. Contrairement à Cardillac, elle semble être née « sous une bonne étoile », elle n'est pas victime d'une tutelle démoniaque. D'une grande perspicacité doublée d'un remarquable esprit de déduction, elle possède cependant, à l'opposé des représentants de l'instance judiciaire, une connaissance intuitive des choses et ne se satisfait pas de l'apparente évidence des faits. Elle s'en remet à ses « pressentiments », à sa « voix intérieure », élevée par les romantiques allemands au rang de clé principale de la connaissance. C'est ainsi qu'elle parvient à démontrer que « le vrai peut quelquefois n'être pas vraisemblable », selon la formule de Boileau, et que l'invraisemblable, selon la pensée d'Hoffmann, peut être le vrai. Grâce à sa conviction, grâce aussi à la force poétique de son discours éloquent, elle empêche la condamnation d'un innocent, Olivier Brusson, et obtient du roi une mesure de clémence. Par une pure plaisanterie, Mme de Maintenon avait fait de Mlle de Scudéry la « fiancée » de l'orfèvre Cardillac : une de ses plus belles parures l'avait honorée. C'est vêtue de noir, comme une fiancée en deuil, et portant précisément ce précieux bijou, que Mlle de Scudéry se jette aux pieds du roi après la mort de Cardillac. Elle plaide pour Brusson, elle plaide aussi, secrètement, pour Cardillac. Elle sauve un vivant, elle tente également de sauver la mémoire d'un défunt. Ne sommes-nous pas tous fautifs, instables, désorientés souvent dans la vie, marqués par de douloureuses expériences dont nous ne sommes pas responsables ? Les pierres précieuses, sur lesquelles pesaient une malédiction, se révèlent à la fin être porteuses d'une rédemption. Les œuvres de Cardillac ne doivent pas être détruites après sa mort, comme il l'avait décidé lui-même, afin d'empêcher de funestes répercussions : elles font preuve, tout au contraire, d'un pouvoir libérateur et contribuent à ébranler une procédure juridique. Mlle de Scudéry, médiatrice entre deux univers artistiques, déjoue les forces diaboliques et devient de la sorte le cœur secret du récit : c'était donc bien elle — et non Cardillac — qui devait être, pourrait-on dire, le *rôle-titre* de cette tragédie.

Lors de sa publication, le récit d'Hoffmann connut un très vif succès. Il compte toujours au nombre de ses textes les plus célèbres. Une première version française parut, sans nom de traducteur, en 1828, dans *La Bibliothèque universelle de Genève*. Près de la moitié de l'histoire y a été escamotée, les passages supprimés ont été remplacés par de courts résumés. C'est Loève-Veimars qui a fait œuvre de pionnier. Son style ne manque pas d'élégance mais on peut aussi relever des négligences et même quelques déformations. Cependant, c'est grâce à lui qu'a été accepté en France un écrivain dont l'audace dans l'investigation des aventures de l'esprit risquait de dérouter le public. Comme le dit Hoffmann lui-même, dans un de ses « contes nocturnes », *La Maison déserte,* les phénomènes réels présentent dans la vie un aspect beaucoup plus étrange, plus extraordinaire et plus inquiétant que tout ce que l'imagination la plus féconde peut inventer. Jean-Jacques Ampère, dans un article publié le 2 août 1828 dans *Le Globe,* qualifia les contes d'Hoffmann de « fantastiques ». Le terme fit fortune et devait donner en France naissance à un genre narratif nouveau dont Hoffmann passe pour l'initiateur et le maître incontestable. Le fantastique dans *Mademoiselle de Scudéry,* c'est la coïncidence apparemment fortuite et pourtant profondément logique du vrai et de l'invraisemblable, de l'authentique et de l'illusoire.

Erika TUNNER

CHAPITRE PREMIER

Dans la rue Saint-Honoré se trouvait située la petite maison qu'habitait Magdeleine de Scudéry [1], connue par ses écrits [2] et par la faveur dont elle jouissait auprès de Louis XIV et de madame de Maintenon.

Fort tard, vers minuit, — c'était durant l'automne de l'année 1680, — on frappa si violemment à la porte de cette maison que tout le vestibule en retentit. Baptiste, qui, dans le petit ménage [3] de mademoiselle de Scudéry, remplissait à la fois les fonctions de cuisinier, de laquais et de portier, était allé dans son pays pour assister aux noces de sa sœur, et il se trouva que la Martinière [4], sa femme de chambre, fut seule éveillée dans la maison.

---

1. Mlle de Scudéry (voir *Notices*) avait d'abord habité rue Vieille-du-Temple puis, à partir de 1653 et jusqu'à la fin de sa vie, rue de Beauce (paroisse de Saint-Nicolas-des-Champs). La maison avait une porte cochère, une cour et un jardin mais, pour accéder à la pièce où elle recevait, il fallait traverser un vilain vestibule et l'escalier était obscur.

2. Hoffmann avait écrit : « pour ses aimables poésies ». Voltaire *(Le Siècle de Louis XIV)* dit qu'« elle était... plus connue par quelques vers agréables que par [ses] énormes romans ».

3. Modeste intérieur, demeure sans prétention ; aussi : domesticité réduite (Mlle de Scudéry n'a qu'une femme de chambre et un valet qui remplit plusieurs fonctions).

4. Voltaire *(op. cit.)* parle d'une *Histoire de Louis XIV* « fautive en tout » (noms, dates, événements) et due à un certain La Martinière. Coïncidence ou emprunt ?

Elle entendit les coups redoublés, et se mit à songer que Baptiste, étant parti, elle se trouvait seule avec sa maîtresse, sans aucun moyen de défense. Tous les crimes d'effraction, de vol et de meurtre qui avaient alors lieu dans Paris, s'offrirent à sa pensée ; elle ne douta pas qu'une bande de brigands, instruite de la solitude où se trouvait la maison, s'efforçait d'y pénétrer avec de méchants desseins contre ceux qui l'habitaient, et elle resta dans sa chambre, tremblante, effarée, maudissant et Baptiste et les sœurs qui se marient. Pendant ce temps, les coups retentissaient toujours avec plus de force, et il lui semblait que dans les intervalles elle entendît une voix qui criait : « Ouvrez, ouvrez donc, au nom du ciel ! » Enfin, dans une agitation toujours croissante, la Martinière prit un flambeau, et descendit dans le vestibule ; là, elle entendit distinctement la voix de celui qui disait : « Au nom du Christ, ouvrez ! »

— Ce n'est pas ainsi que parle un brigand, se dit la Martinière. Qui sait si ce malheureux qu'on poursuit ne cherche pas un refuge auprès de ma maîtresse, qui est toujours disposée à faire le bien ! Mais ayons de la prudence.

Elle ouvrit une fenêtre, demanda, en grossissant sa voix autant qu'elle le put, afin de lui donner un accent masculin, qui faisait, à une heure aussi avancée de la nuit, un bruit à troubler le sommeil de tout le quartier. Elle aperçut, à la clarté de la lune, qui venait de percer de sombres nuages, une figure enveloppée dans un manteau couleur de muraille, un vaste chapeau enfoncé sur les yeux. Elle reprit à haute voix, de manière à se faire entendre de la rue : — Holà, Baptiste, Claude, Pierre, levez-vous et venez voir un peu quel est ce vaurien qui veut forcer la maison !

Mais celui qui se trouvait en bas lui dit d'une voix

Madeleine de Scudéry. « L'admirable Sapho ne connaît pas seulement tout ce qui dépend de l'amour... elle sait si parfaitement écrire et parler de toutes choses, qu'il n'est rien qui ne tombe en sa connaissance. »

Le Grand Cyrus.

Photo J.-L. Charmet.

douce et presque plaintive : — Ah ! la Martinière, je sais bien que c'est vous, ma bonne femme, en dépit de vos efforts pour changer votre voix ; je sais aussi que Baptiste est allé au pays, et que vous êtes seule dans le logis, avec votre maîtresse. Ouvrez-moi donc, et ne craignez rien. Il faut que je parle à votre demoiselle[1] à l'instant même.

— Y pensez-vous ? répliqua la Martinière. Vous voulez parler à ma maîtresse au milieu de la nuit ? ne savez-vous pas qu'elle dort depuis longtemps, et que, pour rien au monde, je ne voudrais la réveiller dans ses bons moments du premier sommeil, dont elle a tant besoin, à son âge[2] ?

— Je sais, répondit celui qui était dans la rue, je sais que votre demoiselle vient de mettre de côté le manuscrit de son roman de *Clélie*[3] auquel elle travaille sans relâche, et qu'elle compose en ce moment quelques vers qu'elle a dessein de lire demain chez la marquise de Maintenon. Je vous en conjure, dame Martinière, ayez de la compassion[4] et ouvrez-moi la porte ! Apprenez qu'il s'agit de sauver un malheureux, apprenez que l'honneur, la liberté, la vie même d'un homme, dépendent de ce moment où il faut que je parle à votre demoiselle. Songez que la colère de votre maîtresse retombera éternellement sur vous quand elle apprendra que c'est vous qui avez durement fermé la porte à un malheureux qui venait implorer son secours.

— Mais pourquoi réclamer la pitié de ma maîtresse à

---

1. En allemand : « Fräulein », votre maîtresse.
2. Mlle de Scudéry est alors âgée de 73 ans.
3. Sur *Clélie*, où l'on trouve, notamment, la célèbre « Carte du Tendre », voir les *Notices* en fin de volume.
4. Traduction littérale. On dirait plutôt : « Ouvrez-moi, par pitié ! »

telle heure ? revenez demain en meilleur temps[1]. Ainsi parlait la Martinière de sa croisée.

Celui d'en bas répondit : — Quand le sort vient vous frapper avec la rapidité de la foudre, s'inquiète-t-il du temps et de l'heure ? Quand le salut d'un homme dépend d'un instant, doit-on le retarder ? Ouvrez la porte. Ne craignez rien d'un malheureux sans appui, que tout le monde abandonne, qu'on persécute et qui vient supplier votre maîtresse de le tirer d'un pressant danger !

La Martinière entendit à ces mots l'étranger soupirer, gémir ; d'ailleurs le son de sa voix annonçait un jeune homme, elle était douce et pénétrait dans l'âme. La chambrière se sentit émue jusqu'au fond du cœur, et, sans hésiter plus longtemps, elle descendit avec les clefs.

A peine la porte fut-elle ouverte, que l'homme au manteau se précipita avec impétuosité dans la maison, et devançant la Martinière sur les marches, il s'écria : — Conduisez-moi près de votre maîtresse !

La Martinière, effrayée, éleva son flambeau, et la lueur de la bougie lui montra un visage jeune et régulier, mais mortellement pâle et décomposé. La Martinière tomba presque d'effroi, lorsque l'homme entrouvrit son manteau, et qu'elle aperçut la brillante poignée d'un stylet qui sortait du pli de son juste-au-corps[2]. L'étranger lui lança des regards étincelants, et s'écria avec plus de violence encore : — Conduisez-moi près de votre maîtresse, vous dis-je !

La Martinière vit alors sa maîtresse dans un pressant danger, tout son amour pour mademoiselle de Scudéry qu'elle honorait comme une mère, se réveilla et lui donna un courage dont elle ne s'était pas crue capable.

---

1. A une heure plus convenable et plus propice.
2. Vêtement serré à la taille, ce qui explique son nom.

Elle ferma rapidement la porte de la salle qui était entrouverte, et s'avançant devant l'étranger, elle lui dit d'une voix ferme : — Votre conduite dans cette maison s'accorde mal avec les paroles plaintives que vous poussiez là dehors, et qui ont excité ma compassion, fort mal à propos, je le vois. Vous ne verrez pas ma maîtresse, et vous ne lui parlerez pas. Si vous n'avez pas de mauvaise pensée en l'âme, vous ne devez pas redouter le grand jour ; revenez donc demain traiter de votre affaire ! — Pour cette nuit, videz le palier[1] de la maison !

L'étranger laissa échapper un profond soupir, regarda la Martinière d'un air effrayant, et porta la main à sa dague. La Martinière recommanda silencieusement son âme au Seigneur ; mais elle demeura ferme, et regarda l'étranger avec hardiesse, tout en s'appuyant avec plus de force contre la porte par laquelle il fallait passer pour se rendre à l'appartement de mademoiselle de Scudéry.

— Laissez-moi aller trouver votre maîtresse, vous dis-je ! s'écria encore une fois l'étranger.

— Faites ce que vous voudrez, répliqua la Martinière, je ne bouge pas de cette place. Mais si vous accomplissez la mauvaise action que vous avez tenté de faire, vous finirez sur la place de Grève[2], comme tous vos maudits complices.

— Ah ! vous avez raison, la Martinière ! s'écria l'homme : j'ai l'air d'un voleur et je suis armé comme un assassin ; mais tous ceux que vous nommez mes complices ne sont pas exécutés : oh ! non, ils ne le sont pas.

---

1. Sortez ! Quittez la maison...
2. C'est sur cette place qu'avaient lieu les principales fêtes publiques ainsi que l'exécution des criminels condamnés à mort. Aujourd'hui place de l'Hôtel-de-Ville.

En parlant ainsi, il lança des regards terribles à la pauvre servante et tira son poignard.

— Jésus ! s'écria-t-elle attendant le coup de la mort ; mais au même instant, un cliquetis d'armes et des pas de chevaux se firent entendre dans la rue.

— La maréchaussée [1], la maréchaussée ! Au secours, au secours ! s'écria la Martinière.

— Maudite femme, veux-tu me perdre ! — Maintenant, tout est fini, tout est fini ! Prends, prends ! remets ceci à ta maîtresse cette nuit même. — Demain, si tu veux.

Tout en prononçant ces paroles à voix basse, l'étranger avait arraché le flambeau à la Martinière, il avait éteint la bougie, et il avait glissé une petite cassette dans les mains de la femme de chambre.

— Pour le salut de ton âme, remets cette cassette à ta maîtresse, lui dit l'étranger, et il s'élança hors de la maison.

La Martinière était tombée sur le plancher ; elle se releva avec peine et se retira en tâtonnant à travers les ténèbres de sa chambre, où elle se jeta dans un fauteuil, épuisée et hors d'état de prononcer une parole. Tout à coup, elle entendit tourner les clefs qu'elle avait laissées dans la serrure de la porte principale. On ferma la maison, et des pas légers et incertains s'approchèrent de sa chambre. Rivée à son siège comme par un enchantement, incapable de faire un mouvement, la Martinière s'attendit à tout ce qu'il y a de plus horrible ; mais quelle fut sa surprise, lorsque la porte de la chambre s'ouvrant, elle reconnut, à la clarté de la lampe de nuit, l'honnête

---

1. Troupe de police à cheval, armée, chargée des fonctions de la gendarmerie actuelle.

Baptiste, qui lui parut pâle comme un mort et bouleversé.

— Au nom de tous les saints ! dites donc ce qui s'est passé, dame Martinière ! Ah ! quelle inquiétude, quelle inquiétude ! Je ne sais pas ce que c'était, mais cela m'a fait partir malgré moi hier soir de la noce. — J'arrive dans la nuit. — Dame Martinière, me dis-je, a un sommeil léger, elle m'entendra bien si je frappe doucement à la porte. Voilà qu'une forte patrouille arrive sur moi, des cavaliers, des fantassins armés jusqu'aux dents, et l'on me retient sans vouloir me laisser aller. Mais heureusement que Desgrais, le lieutenant de maréchaussée, qui me connaît bien, s'y trouvait avec la troupe. — Eh ! c'est toi, Baptiste ! me dit-il en me tenant une lanterne sous le nez ; d'où viens-tu par cette nuit noire ? Reste sagement à la maison et garde-la bien, on ne se sent guère en sûreté par ici, nous espérons y faire une bonne prise. Vous ne vous figurez pas, dame Martinière, comme ces paroles m'ont remué le cœur. Je m'approche de notre porte, un homme enveloppé d'un manteau en sort, un poignard étincelant à la main, et me renverse. La maison est ouverte, les clefs dans la serrure ; dites-moi, que signifie tout cela ?

La Martinière, délivrée de sa frayeur mortelle, lui raconta comme tout s'était passé. Elle et Baptiste se rendirent dans le vestibule, et trouvèrent le flambeau sur les degrés[1], où l'étranger l'avait jeté en fuyant.

— Il n'est que trop certain que notre demoiselle devait être volée ou égorgée cette nuit, dit Baptiste. Cet homme savait, comme vous le dites, que vous étiez seule avec mademoiselle, et même qu'elle veillait encore en écrivant ; il est sûr que c'est un de ces scélérats qui pénè-

---

1. Marches (de l'escalier).

trent jusque dans l'intérieur des maisons, et qui prennent note de tout ce qui peut les aider à exécuter leurs projets diaboliques. Et cette petite cassette, dame Martinière, moi, je pense que nous ferions bien de la jeter dans la Seine, à l'endroit le plus profond. Qui nous répond qu'on ne machine pas quelque chose contre la vie de notre bonne demoiselle, et qu'en ouvrant la cassette elle ne tombera pas morte, comme le marquis de Tournay, en décachetant la lettre qu'il avait reçue d'une main inconnue !

Après avoir longtemps conféré ensemble, les deux fidèles serviteurs résolurent de tout conter le lendemain à mademoiselle de Scudéry, et de lui remettre la cassette mystérieuse, en lui recommandant de l'ouvrir avec précaution. Ils repassèrent ensemble toutes les circonstances de l'apparition de l'étranger suspect, et se convainquirent qu'il y avait en jeu un secret important que leur maîtresse seule pourrait découvrir.

II

Les craintes de Baptiste étaient bien fondées. Justement, à cette époque, Paris était le théâtre des plus horribles attentats, dont toutes les ressources d'un art infernal combinaient l'exécution.

Glazer, un apothicaire allemand [1], le meilleur chimiste de son temps, s'était beaucoup occupé d'essais d'alchimie, comme avaient coutume de le faire les gens de sa profession. Il travaillait à la recherche de la pierre philo-

---

1. Erreur d'Hoffmann due à une inexactitude de Voltaire dans son *Siècle de Louis XIV* (voir la notice *Glazer* en fin de volume).

sophale[1], et il était aidé dans ses expériences par un Italien, nommé Exili ; mais pour ce dernier, l'alchimie n'était qu'une feinte et un prétexte. Il voulut seulement apprendre l'art de mélanger et de préparer les matières pernicieuses dont se servait Glazer pour ses opérations ; et il parvint enfin à savoir composer ce poison subtil[2], qui tarit subitement ou lentement les sources de la vie, sans laisser aucune trace dans le corps humain, et qui échappe à toutes les investigations des médecins. Avec quelque prudence que procédât Exili, il fut néanmoins soupçonné d'avoir vendu des poisons, et mis à la Bastille. Dans la chambre qu'il habitait, on ne tarda pas à enfermer un certain capitaine Godin de Sainte-Croix. Cet homme avait longtemps entretenu, avec la marquise de Brinvilliers, un commerce intime[3] qui avait occasionné un grand scandale dans cette famille ; comme le marquis de Brinvilliers s'était montré fort indifférent à son déshonneur, Dreux d'Aubray, lieutenant civil à Paris, s'était vu forcé de lancer une lettre de cachet[4] contre le capitaine, pour mettre fin aux désordres de sa fille. Emporté, sans caractère, feignant la dévotion, et dressé dès son enfance à tous les crimes, jaloux d'ailleurs et vindicatif à l'excès, le capitaine dut s'estimer heureux de connaître Exili et ses secrets, qui lui donnaient le moyen d'anéantir tous ses ennemis. Il se fit l'élève de l'Italien, et bientôt il égala si bien son maître, qu'après l'élargissement de celui-ci, il se trouva en état de travailler seul.

---

1. Une substance ardemment recherchée par les alchimistes du XVe siècle, et qui devait transformer les métaux ordinaires en or ou en argent.
2. Qui pénètre promptement et ne laisse pas de traces décelables.
3. Relations étroites.
4. Mandat d'arrêt émanant du roi.

« La Brinvilliers était une femme immorale, Sainte-Croix en fit un monstre » (chapitre II).

Musée Carnavalet - Photo Bulloz.

La Brinvilliers était une femme immorale, Sainte-Croix en fit un monstre. Il la décida peu à peu à empoisonner son propre père, chez qui elle vivait et qu'elle soignait dans sa vieillesse avec une horrible sollicitude, puis ses deux frères et enfin sa sœur ; elle accomplit son premier meurtre par esprit de vengeance, les autres par avidité, dans l'espoir d'une riche succession. L'histoire de plusieurs procès fournit la preuve affligeante que les crimes de cette nature deviennent souvent un besoin et une passion irrésistibles ; et l'on a vu des empoisonneurs faire périr une foule de gens dont la vie ou la mort leur étaient également indifférents, sans véritable but, par un attrait naturel, entraînés par le plaisir que trouve un chimiste dans ses expériences. La Brinvilliers se livra sans doute à de longues expériences, car la mort subite de plusieurs pauvres de l'Hôtel-Dieu [1] éveilla, plus tard, le soupçon que les biscuits qu'elle faisait distribuer chaque semaine par bienfaisance et par pitié, avaient été empoisonnés par elle [2]. Il est certain, toutefois, qu'elle prépara des pâtés de perdrix qu'elle servait à ses convives, et que le chevalier du Guet, ainsi que quelques autres personnes, moururent victimes de ses infernales invitations [3]. Sainte-Croix, son complice La Chaussée, et la Brinvilliers, surent longtemps cacher leurs forfaits d'un voile impénétrable ; mais la puissance divine avait décrété qu'elle punirait leurs crimes dès cette vie ! Les poisons que préparait Sainte-Croix étaient si subtils,

---

1. Hospice ouvert aux pauvres et aux mendiants. Primitivement situé sur le parvis de Notre-Dame, côté Seine, il fut reconstruit en 1878 sur le côté opposé (emplacement de l'actuel Hôtel-Dieu).
2. Cette anecdote, mise en doute par Voltaire, provient de Pitaval *(Causes célèbres et intéressantes*, 1737, dont Hoffmann connaissait la traduction allemande parue de 1782 à 1792).
3. Même source.

qu'en aspirant une seule exhalaison de sa poudre (les Parisiens la nommaient *poudre de succession)* on se donnait la mort. Ainsi Sainte-Croix se couvrait toujours le visage d'un masque de verre lorsqu'il se livrait à ses opérations. Un jour, tandis qu'il secouait dans une fiole la poudre qu'il venait de confectionner, son masque tomba et se brisa ; la commotion fit voler quelques particules du poison sur le visage de Sainte-Croix, qui périt aussitôt [1].

Comme il était mort sans héritiers, les gens de justice vinrent apposer les scellés sur sa succession. On trouva dans un coffre fermé tout l'arsenal de meurtre de cet assassin, ainsi que les lettres de la Brinvilliers, qui ne laissaient pas douter de leurs crimes. Elle s'enfuit à Liège, où elle se cacha dans un cloître. Desgrais, sergent de la maréchaussée, fut envoyé à sa poursuite, et se présenta dans le couvent, vêtu en ecclésiastique. Il parvint à lier une intrigue d'amour avec cette épouvantable créature, et à l'entraîner à un rendez-vous secret dans un jardin retiré, situé près des portes de la ville. Dès qu'elle y fut rendue, elle se vit saisie par les estafiers [2] de Desgrais ; l'amant clerc se changea subitement en officier de maréchaussée, et la contraignit de monter dans une voiture qui se dirigea vers Paris, entourée d'une bonne escorte. La Chaussée avait déjà été décapité ; la Brinvilliers subit le même supplice. Son corps fut brûlé après l'exécution, et l'on jeta ses cendres aux vents.

Les Parisiens respirèrent, lorsque ce monstre, qui immolait impunément amis et ennemis, eut disparu de la terre ; mais bientôt le bruit se répandit que les secrets

---

1. Également tiré de Pitaval.
2. De l'italien *staffa*, étrier. Domestiques, laquais en armes, chargés de protéger leurs maîtres.

de l'infâme Sainte-Croix avaient passé en d'autres mains. Le meurtre se glissait comme un fantôme invisible dans le cercle le plus intime, sous les liens de la parenté, de l'amour, de l'amitié, et ne saisissait ses victimes que plus sûrement et avec plus de célérité. Tel qu'on voyait un jour dans une santé florissante, errait le lendemain d'un pas chancelant, pâle et miné par un mal dévorant, et tout l'art des médecins ne pouvait l'arracher à la mort. La richesse, un emploi important, une femme trop jeune, trop belle peut-être, étaient autant de titres pour mourir. Une cruelle défiance brisait les liens les plus sacrés. Le mari tremblait devant sa femme, le père fuyait son fils, la sœur craignait son frère. Dans le repas qu'un ami donnait à ses amis, les mets, les vins restaient intacts, et où régnait autrefois la joie et une gaieté folâtre, on ne rencontrait que des regards inquiets qui cherchaient à percer le masque d'un assassin. Des pères de famille allaient eux-mêmes chercher leurs provisions aux marchés les plus éloignés, et les préparaient dans un coin obscur pour se mettre à l'abri des tentatives de la trahison : souvent encore, toutes ces précautions se trouvaient inutiles.

Pour remédier au mal qui croissait sans cesse, le roi nomma une cour de justice spéciale, qu'il investit du droit de rechercher et de punir ces crimes secrets. Ce fut la chambre ardente[1], que présida La Reynie,

---

1. Tribunal d'exception d'une extrême rigueur, chargé de juger les criminels d'État. Créé par Louis XIV à la suite des « Affaires des poisons », en 1679, ce tribunal siégeait près de la Bastille, dans une pièce tendue de noir et éclairée de flambeaux. L'instruction était secrète pour ne pas divulguer la composition des poisons.

Le 1er octobre 1680, Louis XIV fit suspendre les délibérations de la chambre ardente, ayant appris que Mme de Montespan (voir les *Notices* à ce nom) risquait d'être impliquée dans cette affaire. Le 19 mars 1681, sur les instances pressantes de La Reynie (voir les *Notices* à ce

et qui tint ses séances non loin de la Bastille ; mais tous les efforts de ce tribunal, pour trouver des coupables, restèrent sans fruit ; il était réservé à Desgrais de les découvrir.

Dans le faubourg Saint-Germain, demeurait une vieille femme nommée la Voisin. Elle faisait profession de prédire l'avenir et de conjurer les morts [1] ; et, à l'aide de ses coadjuteurs [2], Lesage et la Vigoureux [3], elle savait inspirer l'effroi même à des gens qui passaient pour n'être ni faibles ni superstitieux. Mais elle faisait plus. Élève d'Exili, comme Sainte-Croix, elle préparait comme lui un poison subtil qui ne laissait pas de traces, et aidait ainsi à des fils pervers à hériter avant le temps, à des femmes sans frein [4] à convoler à de plus riants hymens. Desgrais pénétra ce mystère, elle avoua tout, fut condamnée par la chambre ardente et exécutée sur la place de Grève. On trouva chez elle une liste de toutes les personnes qui avaient eu recours à ses services et non seulement il arriva qu'il s'ensuivit exécution sur exécution, mais de graves soupçons planèrent sur des personnages du plus haut rang. Ainsi, l'on pensa que le cardinal de Bonzy avait trouvé chez la Voisin le moyen de se débarrasser en peu de temps de toutes les personnes auxquelles il avait des pensions à payer, en sa qualité

---

nom), les séances reprirent, mais le roi, voulant éviter un scandale, prescrivit de communiquer à la chambre toutes les pièces où il était question de Mme de Montespan. La chambre travailla jusqu'au 21 juillet 1682. La Reynie veilla ensuite à l'application d'une nouvelle législation réglementant la vente des substances toxiques.

1. C'est-à-dire : de faire apparaître les morts.
2. Ecclésiastiques adjoints de l'évêque. Employé ici ironiquement (= complices, acolytes).
3. Hoffmann : « *le* Vigoureux » (voir *Notices).*
4. Immodestes, impudiques, dévergondées.

d'archevêque de Narbonne. La duchesse de Bouillon, la comtesse de Soissons, dont les noms furent trouvés sur cette liste, furent accusées d'avoir eu recours à cette infâme Locuste[1] et le noble nom de François-Henri de Montmorency, duc de Luxembourg, pair et maréchal de France, ne sortit pas sans souillure de cette enquête. La terrible chambre ardente le poursuivit également, et il se constitua lui-même prisonnier à la Bastille, où la haine de Louvois et de La Reynie le confina dans un cachot de six pieds carrés. Il se passa plusieurs mois avant qu'il ne fût clairement démontré que son crime ne méritait pas ce châtiment : il s'était fait dire une fois son horoscope par la Voisin.

Il est certain que le zèle aveugle du président La Reynie donna lieu à des actes de violence et à des cruautés. Ce tribunal prit le caractère de l'Inquisition[2], le plus léger soupçon suffisait pour motiver un emprisonnement rigoureux, et souvent c'était au hasard qu'on laissait le soin de prouver l'innocence du condamné. En outre, La Reynie avait un extérieur repoussant, et des formes si acerbes, qu'il attirait la haine de ceux dont il devait être, par ses fonctions, le vengeur et le soutien. La duchesse de Bouillon, interrogée par lui si elle avait vu le diable, répondit : « Il me semble que je le vois en ce moment[3] ! »

---

1. Empoisonneuse célèbre à Rome. Elle mit son art au service d'Agrippine et de Néron. Elle fut mise à mort en 68 après J.-C.

• 2. Juridiction ecclésiastique instituée par le Saint-Siège pour obtenir, au besoin par la torture, les aveux des hérétiques et préparer leur condamnation. Ici, pris au sens de rigoureux et arbitraire dans ses méthodes de perquisition.

3. Ces propos de la duchesse de Bouillon qui lui valent cette réputation viennent du *Siècle de Louis XIV*, de Voltaire.

« Dans le faubourg Saint-Germain, demeurait une vieille femme nommée la Voisin. Elle savait inspirer l'effroi même à des gens qui passaient pour n'être ni faibles ni superstitieux » (chapitre II).

B.N. - Photo Bulloz.

Tant que le sang des coupables et des suspects coula à flots sur la place de Grève, les empoisonnements devinrent de plus en plus rares ; mais bientôt un nouveau fléau vint répandre l'épouvante dans la ville. Une bande de voleurs semblait avoir pris à tâche de s'assurer la possession de tous les bijoux. A peine achetée, une riche parure disparaissait d'une manière inconcevable, quelque précaution qu'on employât pour la garder. Mais, ce qui était plus effrayant, c'est que quiconque se hasardait à sortir pendant la nuit avec des joyaux, était infailliblement attaqué et souvent assassiné. Ceux qui avaient échappé à ce danger, rapportaient qu'ils avaient été comme foudroyés et renversés par un coup violent et qu'en reprenant leurs sens, ils s'étaient trouvés dépouillés de leurs bijoux, et dans un tout autre lieu que celui où ils avaient été frappés. Les cadavres que l'on trouvait chaque matin dans les rues et même dans les maisons, portaient tous la même blessure, un coup de poignard au cœur, si sûrement dirigé, disaient les médecins, que le blessé avait dû expirer sans proférer une seule plainte. A la molle et somptueuse cour de Louis XIV, qui n'avait une secrète affaire de cœur, et qui ne se glissait quelquefois la nuit chez sa dame, pour lui porter un présent ? — Il semblait que les assassins eussent un pacte avec les esprits invisibles, tant ils étaient instruits de toutes ces circonstances. Souvent le malheureux n'atteignait pas la maison où il espérait trouver toutes les joies de l'amour ; souvent il tombait sur le seuil, ou même devant la porte de la chambre de sa maîtresse, qui heurtait avec effroi son cadavre sanglant.

En vain d'Argenson, le lieutenant de police, fit-il arrêter tous les gens sans aveu qui se trouvaient dans Paris ; en vain La Reynie fit-il rage pour arracher des aveux aux accusés, vainement doubla-t-on les sentinelles, les patrouilles, on ne trouva nulle trace des malfaiteurs. La seule précaution de s'armer jusqu'aux dents, et de faire porter un flambeau devant soi, réussissait à préserver du danger. Il arriva cependant que le laquais qui portait la torche fut assailli à coups de pierres, et au même instant le maître était assassiné et volé.

On remarqua surtout que toutes les recherches qu'on fit dans les lieux où l'on négocie des pierres précieuses ne firent pas retrouver le moindre des bijoux enlevés de la sorte ; on ne trouvait ainsi aucun indice qui pût déceler les coupables.

Desgrais écumait de fureur en voyant que les brigands se riaient de tous ses stratagèmes. Lorsqu'il se trouvait dans un quartier de la ville, tout y restait paisible ; tandis que dans les autres, les meurtriers faisaient un riche butin. Il imagina alors de créer plusieurs Desgrais si parfaitement semblables l'un à l'autre, par la marche[1], l'attitude, le langage, le costume et la figure, que les gens de la police eux-mêmes ignoraient quel était le véritable. Pendant ce temps, il se glissait, au risque de sa vie, dans les quartiers les plus retirés, et suivait de loin quelqu'un qui portait, par son ordre, de riches joyaux. Mais celui qui le précédait ainsi n'était jamais attaqué ; ainsi les malfaiteurs étaient informés de ses mesures les plus secrètes. Desgrais était au désespoir.

Un matin, Desgrais vint trouver le président La Reynie ; il était pâle, défait, hors de lui — Qu'avez-vous ? Quelles nouvelles apportez-vous ? Avez-vous découvert quelques traces ? lui demanda le président dès qu'il le vit.

— Ah ! monseigneur, s'écria Desgrais balbutiant de

---

1. Par l'allure, par la démarche.

rage ; hier soir le marquis de La Fare a été attaqué en ma présence.

— Ciel et terre, dit La Reynie plein de joie, nous les tenons enfin !

— Écoutez comme la chose s'est passée, dit Desgrais en souriant amèrement. — Je me poste et je surveille en les maudissant de tout mon cœur, les démons incarnés [1] qui se rient de moi. Voilà que je vois s'avancer avec précaution une figure qui passe tout près de moi sans m'apercevoir. A la clarté de la lune, je reconnais le marquis de La Fare. Je pouvais l'attendre là, je savais où il se rendait si secrètement. A peine se trouve-t-il à dix ou douze pas, qu'une figure s'élance comme de dessous la terre, le renverse et se jette sur lui. Surpris, confondu de la rapidité de ce mouvement, je pousse un cri et je m'élance de ma retraite ; mais en ce moment, je m'embarrasse dans mon manteau et je tombe. Je vois l'homme s'enfuir comme s'il était porté sur les ailes du vent ; je me relève, je le poursuis, tout en courant je sonne de mon cor ; les sifflets des archers me répondent de loin ; tout s'émeut ; de tous côtés retentissent le bruit des armes sur le pavé, le piétinement des chevaux. — A moi ! à moi ! Desgrais ! Desgrais ! voilà les cris dont je fais retentir toutes les rues. Je vois toujours devant moi l'homme que dessine la clarté de la lune ; je suis distinctement tous les circuits [2] qu'il fait pour me tromper ; nous arrivons dans la rue Saint-Nicaise [3] alors ses forces

---

1. Cardillac, effectivement, a partie liée avec le diable (voir pp. 44, 89, 93).
2. Détours.
3. Cette rue, qui n'existe plus, menait de la place du Carrousel à la rue Saint-Honoré. Son nom a pu être suggéré à Hoffmann par *Les Lettres de la capitale et de la France profonde* de F.J.L. Meyer (Tübingen, 1802) mais aussi par le souvenir d'un événement qui avait dû

semblent épuisées, les miennes redoublent ; il a tout au plus une avance de quinze pas...

— Vous l'atteignez, vous l'arrêtez et les archers arrivent ! s'écria La Reynie les yeux étincelants, en serrant fortement le bras de Desgrais, comme s'il eût saisi le meurtrier lui-même.

— A quinze pas de moi, reprit Desgrais d'une voix sourde et reprenant péniblement haleine, à quinze pas de moi, l'homme fait un bond de côté dans l'ombre, et disparaît à travers la muraille.

— Il disparaît ? — A travers un mur ! — Êtes-vous fou ? dit La Reynie en reculant de deux pas, et en frappant ses mains l'une contre l'autre.

— Monseigneur, reprit Desgrais en se frottant le front comme un homme assailli par de funestes pensées, traitez-moi de visionnaire [1] ; ce que je vous ai dit n'est pas moins exact. J'étais encore pétrifié devant la muraille, lorsque plusieurs archers arrivèrent hors d'haleine ; le marquis de La Fare qui s'était relevé était avec eux, l'épée à la main. Nous allumons des flambeaux, nous frappons de tous côtés sur le mur ; pas la trace d'une porte, d'une fenêtre, d'une ouverture. C'est une épaisse muraille, en pierres de taille, qui tient à une maison où demeurent des gens contre lesquels on ne peut nourrir le moindre soupçon. Ce matin encore, au grand jour, j'ai tout examiné. C'est le diable lui-même qui nous joue !

L'histoire de Desgrais fut bientôt connue de tout Paris. Toutes les têtes étaient remplies d'enchantements [2], de

---

faire un certain bruit en Europe, l'attentat (royaliste) contre Bonaparte, le 24 décembre 1800, dans cette même rue Saint-Nicaise.

1. Personne qui a des « visions », qui croit voir des choses n'existant pas.
2. Sortilèges, effets magiques.

sorcelleries, de pactes avec le diable, contractés par la Voisin, par la Vigoureux et par le fameux prêtre Lesage ; et, comme le veut éternellement notre nature qui étouffe toujours notre raison par la disposition que nous conservons pour le merveilleux, on ne douta pas, comme l'avait dit Desgrais dans son découragement, que ce fût le diable en personne qui protégeait ceux qui lui vouaient leur âme. Une complainte [1] en tête de laquelle se trouvait une belle gravure en bois, représentant un démon effroyable qui s'abîmait dans la terre devant Desgrais épouvanté, se débita à tous les coins de rue ; bref, tout continua à intimider le peuple et à ravir tout courage aux archers qui ne marchaient plus la nuit qu'en tremblant, après s'être munis préalablement d'eau bénite et d'amulettes [2].

Le lieutenant criminel voyant échouer les efforts de la chambre ardente, pria le roi de créer un nouveau tribunal, investi de prérogatives plus étendues pour rechercher les crimes ; mais le roi, qui se reprochait d'avoir déjà donné trop de pouvoir à la chambre ardente, et frappé des nombreux supplices que La Reynie avait ordonnés, repoussa cette proposition. On imagina alors un autre moyen pour la faire agréer au roi.

Un soir, dans l'appartement de madame de Maintenon, où le roi passait l'après-midi, et où il travaillait quelquefois avec ses ministres, jusque bien avant dans la nuit, on présenta à Louis XIV, une pièce en vers dédiée aux amants en péril, qui se plaignaient de ne pouvoir offrir un riche présent à leurs maîtresses, sans exposer leur vie. L'honneur et l'amour, disaient-ils, voulaient

---

1. Chanson populaire ayant pour sujet un malheur, une catastrophe.
2. Petits objets qu'on garde sur soi, pour éviter les accidents, déjouer les maléfices ou faire fuir le diable.

« Un soir, dans l'appartement de Madame de Maintenon, où le roi passait l'après-midi, et où il travaillait quelque fois avec ses ministres, jusque bien avant la nuit, on présenta à Louis XIV une pièce en vers au nom des amants en péril » (chapitre II).

B.N. - Photo J.-L. Charmet.

jadis qu'on versât son sang en champ clos [1] pour sa bien-aimée, vis-à-vis de nobles adversaires, mais non qu'on s'exposât au poignard de vils assassins. C'était donc au grand Louis, l'astre de la galanterie et de l'amour, de dissiper par ses rayons cette nuit funeste ; il appartenait au demi-dieu qui avait foudroyé tous ses ennemis, d'écraser, comme Hercule, cette hydre de Lerne [2] ; nouveau Thésée [3] de combattre ce minotaure qui dévorait les amants et changeait leurs joies en un deuil éternel.

Quelque grave que fût le sujet, cette composition ne manquait pas de traits ingénieux, et l'on y avait peint avec art les craintes de l'amant se glissant chez sa maîtresse, l'effroi dissipant l'amour, la galanterie réduite aux abois. Comme ce petit poème se terminait par le plus exagéré panégyrique [4] des vertus de Louis XIV, il ne manqua pas d'obtenir l'assentiment du roi qui le lut avec une satisfaction visible. Lorsqu'il en eut achevé la lecture, il se tourna vivement vers madame de Maintenon et lui demanda en souriant agréablement ce qu'elle pensait des plaintes de ces amants. Fidèle à la gravité de ses mœurs et conservant toujours une certaine teinte de pruderie [5], madame de Maintenon répondit que ce n'était pas au roi de protéger les rendez-vous interdits par la morale ; mais que les crimes horribles qui épouvantaient

---

1. C'est-à-dire comme les chevaliers du moyen âge, comme dans les romans courtois — ou ceux de Mlle de Scudéry.
2. Monstre à neuf têtes qui vivait dans les marais de l'Argolide et y répandait la terreur ; ses neuf têtes repoussaient aussitôt coupées. Hercule en vint à bout par des flèches enflammées.
3. Héros de la mythologie grecque, qui tua le Minotaure, monstre enfermé dans le Labyrinthe, où il dévorait, chaque année, trente jeunes Athéniens (filles ou garçons) qui lui étaient livrés.
4. Éloge public de quelqu'un.
5. Pudeur excessive.

la cour et la ville demandaient une vengeance prompte et éclatante. Le roi, mécontent de cette réponse, referma le papier et se disposait à passer dans la chambre voisine, où l'attendait un des Secrétaires d'État, lorsque ses regards tombèrent sur mademoiselle de Scudéry, qui était venue faire sa cour à madame de Maintenon. Il s'avança tout à coup vers elle, et le sourire qui avait disparu de ses lèvres s'y montra de nouveau.

— La marquise refuse une fois pour toutes d'entendre parler de galanterie, dit le roi, mais vous, mademoiselle, que pensez-vous de cette supplique[1] ?

Mademoiselle de Scudéry s'inclina avec respect, une légère rougeur, semblable à la pourpre du crépuscule, couvrit les joues pâles de la vénérable dame ; et, les yeux baissés, elle prononça ces deux vers :

> Un amant qui craint les voleurs
> N'est point digne d'amour[2].

Surpris de l'esprit chevaleresque[3] qui régnait dans ce peu de mots, et qui effaçait d'un trait toute la tirade de vers qu'il venait de lire, Louis s'écria : — Vous avez raison, mademoiselle ! point de rigueurs nouvelles qui confondent l'innocent avec le coupable. Que La Reynie s'en tienne à son devoir.

III

La Martinière raconta le lendemain à sa maîtresse, ce qui s'était passé dans la nuit, et remit en tremblant la

---

1. Demande, prière pour obtenir une grâce.
2. Hoffmann a copié ces vers (en français dans le récit), attribués à Mlle de Scudéry, dans *La Chronique de Nuremberg* (1697) de Johann Christoph Wagenseil (1633-1705), savant allemand qui, durant un séjour à Paris, avait fréquenté la maison de Mlle de Scudéry.
3. Digne d'un chevalier.

cassette mystérieuse. Elle supplia, au nom de tous les saints, mademoiselle de Scudéry de n'ouvrir cette boîte qu'avec les précautions les plus grandes, et Baptiste, pâle et retiré à l'extrémité de la chambre, joignit ses instances à celle de la chambrière. Mademoiselle de Scudéry souleva la cassette et leur répondit en riant : — Vous êtes deux fous ! les voleurs qui connaissent si bien l'intérieur des maisons, comme vous le dites vous-mêmes, savent fort bien que je ne suis pas riche, et qu'il ne se trouve pas chez moi des trésors qui vaillent un assassinat. On en voudrait à ma vie ? A qui pourrait servir la mort d'une personne de soixante-treize ans qui n'a jamais attaqué de brigands et de larrons que ceux qu'elle a créés dans ses romans, et qui ne laissera à ses héritiers que les atours [1] d'une vieille demoiselle et quelques douzaines de volumes passablement [2] reliés et dorés sur tranche ? Va, ma bonne Martinière, tu as beau décrire l'étranger de cette nuit d'une façon terrible, tu ne me feras pas croire qu'il a eu de méchants desseins.

Ainsi...

La Martinière recula de trois pas, et Baptiste poussa un cri, en voyant mademoiselle de Scudéry faire jouer un bouton d'acier qui brillait sur la boîte dont le couvercle s'ouvrit avec bruit.

Quel fut l'étonnement de mademoiselle de Scudéry en voyant étinceler, du fond de la boîte, deux bracelets richement garnis de diamants, et un collier plus magnifique encore ! Elle prit les joyaux dans ses mains, et, tandis qu'elle en admirait le travail infini, la Martinière contemplait les bracelets et jurait que madame de Mon-

---

1. Vêtements et bijoux dont se parent les femmes.
2. Convenablement, honorablement, suffisamment bien pour être remarqués. Le sens actuel est plus négatif.

tespan elle-même n'en possédait pas d'aussi beaux. — Mais, que signifie cet envoi ? demanda mademoiselle de Scudéry.

En parlant ainsi, elle aperçut un petit billet placé au fond de la boîte. Elle le prit aussitôt, dans l'espoir d'y trouver l'explication de ce mystère ; mais à peine l'eut-elle lu, qu'il échappa de ses mains tremblantes. Elle éleva les yeux au ciel et tomba presque évanouie dans un fauteuil ! La Martinière et Baptiste la soutinrent fort effrayés. — Oh ! quelle insulte ! quelle profonde humiliation ! s'écria-t-elle d'une voix étouffée par les larmes. A mon âge, devrais-je m'attendre à être avilie de la sorte ! Ai-je donc jamais agi avec légèreté, pour être traitée aujourd'hui comme une créature sans vertu. Oh ! Dieu, des paroles échappées en plaisantant, ont-elles reçu une interprétation aussi horrible ! M'accuser d'un pacte infâme, moi qui depuis mon enfance me suis montrée fidèle à la vertu et à la piété !

Mademoiselle de Scudéry avait couvert ses yeux de son mouchoir, et pleurait si amèrement, que la Martinière et Baptiste ne savaient comment soulager la douleur de leur bonne maîtresse, dont ils ignoraient la cause. La Martinière avait ramassé le billet que mademoiselle de Scudéry avait laissé tomber. On y lisait :

> Un amant qui craint les voleurs
> N'est point digne d'amour.

« Très honorée dame [1],

Votre esprit pénétrant nous a préservés d'une grande persécution, nous qui exerçons le droit de la force contre la faiblesse et la lâcheté, et qui nous approprions des trésors qui seraient indignement prodigués. Acceptez

---
1. Traduction littérale de l'allemand.

cette parure comme un témoignage de notre reconnaissance. C'est le plus précieux butin qui soit tombé dans nos mains depuis longtemps. Bien que vous méritiez de porter de plus beaux ornements, digne dame, nous vous prions de ne pas refuser ceux-ci ; daignez ne pas nous retirer votre amitié, et nous garder un gracieux souvenir.

Les invisibles. »

— Est-il possible qu'on porte l'audace aussi loin ! s'écria mademoiselle de Scudéry lorsqu'elle fut un peu remise de son agitation. Le soleil perçait à travers les rideaux de damas cramoisi[1] qui garnissait la croisée, et les diamants qui étaient restés sur la table éclataient d'une teinte rougeâtre. Mademoiselle de Scudéry détourna les yeux avec horreur, et commanda à la Martinière d'emporter cette horrible parure, encore teintée du sang des victimes dont elle avait causé le meurtre. La Martinière renferma les pierreries dans la cassette, et dit qu'il serait prudent de les porter au lieutenant-criminel et de lui confier les circonstances qui avaient accompagné l'inquiétante apparition du jeune homme de la nuit passée.

Mademoiselle de Scudéry se leva en silence et parcourut plusieurs fois la chambre, comme réfléchissant à ce qu'elle devait faire. Puis elle ordonna à Baptiste d'aller lui chercher une chaise à porteur et se fit habiller par la Martinière, car elle voulait se rendre à l'instant même chez la marquise de Maintenon. Elle se fit porter chez la marquise. Elle savait qu'à cette heure-là elle la trouverait seule dans ses appartements, et emporta la

---

1. Tissu ouvragé, d'origine orientale, de couleur rouge foncé, presque violacé.

cassette avec elle. La marquise fut fort étonnée à la vue de la pâleur et de la marche incertaine de mademoiselle de Scudéry, qui, en dépit de sa vieillesse, avait conservé une dignité extrême, une constante amabilité et un maintien plein de charme.

— Que vous est-il donc arrivé, au nom du ciel ! cria du plus loin la marquise à la vieille dame, qui eut à peine la force de gagner le siège qu'on lui offrait. Enfin, lorsqu'elle retrouva la faculté de parler, elle dit quelle profonde et douloureuse insulte lui avait attirée la réponse à la supplique des amoureux ; mais la marquise, après l'avoir écoutée avec beaucoup d'attention, prétendit que mademoiselle de Scudéry prenait trop vivement [1] cette singulière aventure, que le mépris de quelques misérables ne pouvait atteindre une âme aussi élevée, et enfin elle demanda à voir les pierreries.

Mademoiselle de Scudéry remit la cassette à la marquise, qui ne put retenir un cri d'admiration à la vue de cette splendide parure. Elle tira le collier, puis les bracelets, et s'approcha de la fenêtre, où elle fit jouer les chatons [2] aux rayons du soleil, s'émerveillant tantôt de leur beauté excessive et tantôt de l'art avec lequel l'or était travaillé.

Tout à coup la marquise se tourna vers mademoiselle de Scudéry, et s'écria : — Savez-vous que ce collier et ces diamants ne peuvent avoir été faits que par René Cardillac ?

René Cardillac était alors le plus habile orfèvre de Paris, un des hommes les plus adroits et les plus singuliers de son temps. De petite stature, mais large d'épau-

---

1. Trop à cœur.
2. Chaton : partie qui renferme la tête d'une bague où se trouvent fixées les pierres précieuses.

les et d'une structure musculeuse, Cardillac, à cinquante ans, avait conservé toute la vigueur et l'agilité d'un jeune homme. Des cheveux roux, épais et crépus, un visage coloré aux traits saillants témoignaient de sa vigueur peu ordinaire. Si Cardillac n'eût pas été connu dans tout Paris pour un homme d'honneur, franc, ouvert, désintéressé, toujours prêt à assister les autres, le regard singulier qui s'échappait de ses petits yeux gris, enfoncés et étincelants, eût suffi pour le faire taxer de méchanceté et de noirceur. Cardillac était, comme je l'ai dit, l'homme le plus habile de son art qui existât, non pas seulement à Paris, mais dans toute l'Europe. Parfaitement initié à la connaissance des pierres précieuses, il savait les monter avec tant de goût, que des joyaux qui n'avaient que peu de valeur, acquéraient un éclat extrême au sortir de ses mains. Il acceptait toutes les commandes avec une ardeur sans égale, et le prix qu'il demandait, si faible fût-il, ne semblait jamais en rapport avec son travail. Alors, il ne prenait aucun repos, on l'entendait jour et nuit faire retentir son marteau dans son atelier ; et souvent, au moment où sa tâche allait être achevée, la parure lui semblait-elle peu gracieuse, les pierres mal encadrées, trouvait-il un chaînon défectueux, il remettait tout l'or au creuset, et recommençait. Aussi, il ne sortait de son atelier que des chefs-d'œuvre sans pareils, qui excitaient au plus haut degré la surprise des personnes auxquelles ils étaient destinés ; mais il était presque impossible de reprendre possession auprès de lui d'un objet terminé. Il renvoyait ses pratiques[1], sous mille prétextes, de semaine en semaine, de mois en mois. En vain lui offrait-on le double du prix stipulé ; il ne

---

1. Sa clientèle.

voulait jamais accepter un louis [1] au-delà de ce qu'il avait demandé ; enfin, lorsqu'il était forcé de céder aux instances de quelqu'un et de rendre une parure, il ne pouvait se défendre de donner tous les signes d'un profond chagrin et même d'une colère mal réprimée. Mais, s'il lui fallait livrer un ouvrage d'une grande richesse, précieux par le travail de l'orfèvrerie, par le nombre et par la beauté des joyaux, on le voyait courir çà et là comme un forcené, maudissant son état, se maudissant lui-même et furieux contre ceux qui l'entouraient. Alors, quelqu'un accourait-il chez lui en disant : — René Cardillac, voulez-vous me faire un collier pour ma fiancée, des bracelets pour ma maîtresse ? il s'arrêtait tout à coup, lui lançait des regards brillants, et demandait en se frottant les mains : — Que m'apportez-vous là ? — Ce sont, lui répondait-on, des bijoux communs, des pierres de peu de valeur, mais dans vos mains... Cardillac, ne le laissait pas achever, il lui arrachait la boîte, en tirait les bijoux qui souvent avaient réellement peu de valeur, les élevait vers la lumière, s'écriait avec ravissement : — Oh ! oh ! des bijoux communs, dites-vous ? Nullement, ce sont de belles pierres, des pierres magnifiques : laissez-moi seulement faire ! et si vous ne regardez pas à une poignée de louis, je vous y ajouterai quelques rubis qui étincelleront comme le soleil. — Répondait-on : Je vous laisse maître d'agir à votre gré, maître René, et je vous paierai ce que vous demanderez ! Alors, sans s'inquiéter s'il avait affaire à un riche bourgeois ou à un seigneur de la cour, Cardillac se jetait à son cou avec impétuosité, le serrait dans ses bras, l'embrassait et s'écriait qu'il était enfin heureux et qu'il lui rendrait sa parure dans huit jours. Il parcourait alors toute sa mai-

---

1. Monnaie d'or, frappée à l'effigie du roi de France.

son, puis courait se renfermer dans son atelier, travaillait sans relâche, et en huit jours il avait fait un chef-d'œuvre. Mais, dès que celui qui lui avait commandé cet ouvrage revenait, l'argent à la main, chercher la parure qui se trouvait achevée, Cardillac se montrait sombre, insolent, grossier.

— Mais songez donc, maître Cardillac, que je me marie demain.

— Que m'importe votre noce ! revenez dans quinze jours.

— La parure est terminée ; voici l'argent ; il faut que j'emporte mon collier.

— Et moi, je vous dis qu'il y a encore plusieurs choses à changer à cette parure, et que vous ne pouvez la recevoir aujourd'hui.

— Et moi, je vous dis que, si vous ne remettez sur-le-champ ce collier dont je suis prêt à vous payer la façon le double de sa valeur, vous me verrez venir le chercher avec les soldats du guet et les gens du Châtelet[1].

— Eh bien ! que le diable vous serre dans ses tenailles brûlantes, et puisse ce collier étrangler celle qui le portera ! En parlant ainsi, Cardillac mettait la parure dans le pourpoint[2] de l'impatient fiancé, le prenait par le bras, et le poussait si violemment hors de la chambre, qu'il roulait jusqu'au bas de l'escalier ; puis il se mettait à la croisée et riait de tout son cœur d'un rire infernal[3], en le voyant s'éloigner le mouchoir sur le nez, sanglant

---

1. Policiers et autres soldats au service d'Argenson (voir les *Notices* à ce nom). Le Châtelet était une ancienne forteresse médiévale de Paris, utilisée comme tribunal, puis comme prison.
2. Partie supérieure du vêtement.
3. Voir p. 32.

et éclopé. La conduite de Cardillac était inexplicable. Souvent, après avoir entrepris un travail avec enthousiasme, il suppliait celui qui l'avait demandé de lui permettre de ne pas le lui rendre, et il donnait toutes les marques de l'affliction la plus vive, priant et conjurant au nom de la Sainte Vierge qu'on eût pitié de lui. Plusieurs personnages du plus haut rang avaient en vain offert des sommes considérables pour obtenir de lui le moindre de ses ouvrages. Il se jeta aux pieds du roi, et lui demanda comme une faveur d'être dispensé de travailler pour sa personne ; il se refusa également à faire une parure pour madame de Maintenon, et repoussa avec une sorte d'horreur et d'effroi la commande qu'elle lui donna un jour de confectionner une petite bague, ornée des emblèmes des arts, qu'elle destinait à Racine.

— Je gage, dit madame de Maintenon, que si j'envoie chez Cardillac pour savoir à qui il a livré cette parure, il refusera de venir, tant il craint que je le contraigne de travailler pour moi, bien que depuis quelque temps il se soit beaucoup amendé, dit-on, et qu'il livre exactement ses commandes, non sans humeur et sans chagrin toutefois.

Mais mademoiselle de Scudéry, qui désirait ardemment que l'auteur du présent qui lui avait été fait fût dévoilé, et que les diamants fussent rendus à leur légitime propriétaire, insista pour qu'on fît venir cet étrange personnage. On envoya donc chez Cardillac, et, comme s'il eût été déjà en route pour se rendre chez la marquise, il se présenta devant elle quelques moments après.

A la vue de mademoiselle de Scudéry, il parut frappé d'émotion, et s'inclina respectueusement devant elle avant que de saluer la marquise, comme quelqu'un à qui une sensation imprévue fait oublier les convenances. Madame de Maintenon, lui montrant du doigt les pierreries qui étaient restées sur le tapis de la table, lui demanda si c'était là son ouvrage. A peine Cardillac y eut-il jeté un regard, que, tournant les yeux vers la marquise, il remit la parure dans l'écrin, le referma et le repoussa loin de lui avec violence. Puis un vilain sourire contracta son visage rougeaud : — Madame la marquise, dit-il, il faudrait bien peu connaître l'ouvrage de René Cardillac pour croire un seul instant qu'il existe dans le monde un autre joaillier capable de confectionner une semblable parure. Oui, sans doute, ce travail est de moi.

— Alors, vous nous direz pour qui vous l'avez exécuté.

— Pour moi seul, répondit Cardillac. Oui, ajouta-t-il en voyant que madame de Maintenon et mademoiselle de Scudéry se regardaient avec étonnement, l'une d'un air de défiance, l'autre avec une expression d'anxiété et d'effroi ; oui, madame la marquise, vous pouvez trouver cela singulier, mais il en est ainsi. J'ai rassemblé mes plus belles pierres, uniquement dans le dessein de faire un ouvrage parfait, et j'y ai travaillé avec un zèle et une satisfaction sans égales. Il y a quelque temps, cette parure disparut de mon magasin d'une façon inconcevable.

— Le ciel soit loué ! s'écria mademoiselle de Scudéry, les yeux brillants de joie ; et, se levant avec la vivacité et la prestesse d'une jeune fille, elle s'avança vers Cardillac : Maître René, lui dit-elle en appuyant une de ses mains sur ses épaules, reprenez votre bien, que des scélérats audacieux vous avaient dérobé. — Elle lui raconta alors la manière dont elle avait reçu ces pierreries. Cardillac l'écouta les yeux baissés et en silence ; de temps en temps seulement, il laissait échapper une petite exclamation inintelligible, comme : — Ah ! ah ! ah !

oh ! oh ! tantôt il joignait ses mains derrière son dos, tantôt il se frottait les joues et le menton. Lorsque mademoiselle de Scudéry eut achevé de parler, Cardillac sembla combattre quelque temps des idées confuses. Il se frotta le front, il soupira, il se passa la main sur les yeux comme pour essuyer une larme ; enfin, il saisit la cassette que lui rendait mademoiselle de Scudéry, s'agenouilla lentement, et lui dit : — Le sort vous avait destiné ces joyaux, mademoiselle, maintenant je vois que c'était à vous que je songeais en les confectionnant, que je travaillais pour vous seule. Ne refusez pas d'accepter et de porter cette parure, la plus belle de toutes celles que j'ai terminées depuis longtemps.

— Y songez-vous, répondit mademoiselle de Scudéry en souriant agréablement ; me convient-il, à mon âge, de porter des diamants ? Et quel droit avez-vous à me faire de si riches présents ? Allez, allez, maître René, si j'étais riche et belle comme la marquise de Fontange, vraiment je ne laisserais pas sortir ces bijoux de mes mains ; mais cette vaine parure conviendrait mal à ces bras amaigris, et un brillant collier figurerait mal sur cette gorge recouverte.

Cardillac, qui s'était levé, tendait toujours la cassette à mademoiselle de Scudéry. Il lui dit d'un air farouche et comme hors de lui : — Par pitié, mademoiselle, prenez cette parure ! Vous ne vous figurez pas combien j'honore profondément vos vertus, combien mon cœur est touché de vos qualités éminentes ! Acceptez donc mon faible présent, comme un témoignage des sentiments intimes que je voudrais vous témoigner.

Comme mademoiselle de Scudéry hésitait encore, madame de Maintenon prit l'écrin des mains de Cardillac. — Au nom du ciel, mademoiselle, vous parlez toujours de votre grand âge, qu'avons-nous l'une et l'autre de commun avec les années et leur poids [1] ? Ne faites-vous pas ici comme une jeune créature bien honteuse qui voudrait bien atteindre à de doux fruits défendus, si elle pouvait le faire sans y porter les mains et les doigts ? Ne refusez pas [2] ce brave maître René, qui vous offre ce que tant d'autres ne pourraient obtenir ni par or ni par supplications.

Tout en parlant ainsi, madame de Maintenon avait placé l'écrin dans les mains de mademoiselle de Scudéry. Cardillac se jeta encore à ses pieds, baisa sa robe, ses mains, supplia, soupira, pleura, gémit, se leva et s'échappa comme un insensé, renversant les sièges et les tables d'où la porcelaine et les cristaux tombèrent à grand bruit.

Tout effrayée, mademoiselle de Scudéry s'écria : — Au nom de tous les saints, qu'est-il arrivé à cet homme ! Mais la marquise, qui se trouvait ce jour-là, fort contrairement à ses habitudes, d'une humeur joviale, fit un grand éclat de rire et s'écria : — Nous tenons le mot, mademoiselle ; maître René est amoureux de vous à en mourir, et il débute conformément aux bonnes et vieilles coutumes de la galanterie, en assiégeant votre cœur par de riches présents.

Madame de Maintenon continua cette plaisanterie en conseillant à mademoiselle de Scudéry de ne point se montrer trop cruelle envers ce pauvre amant désespéré, et celle-ci donnant un libre cours à sa gaieté naturelle, se laissa entraîner à débiter mille idées folles. Elle dit que, puisque les choses en étaient venues là, elle ne pouvait résister plus longtemps, et donnerait au monde l'exemple inouï d'une fille de haute naissance, fiancée,

---

1. Rappelons qu'en 1680, Mme de Maintenon a 45 ans, tandis que Mlle de Scudéry en a 73.
2. Ne repoussez pas, ne désobligez pas...

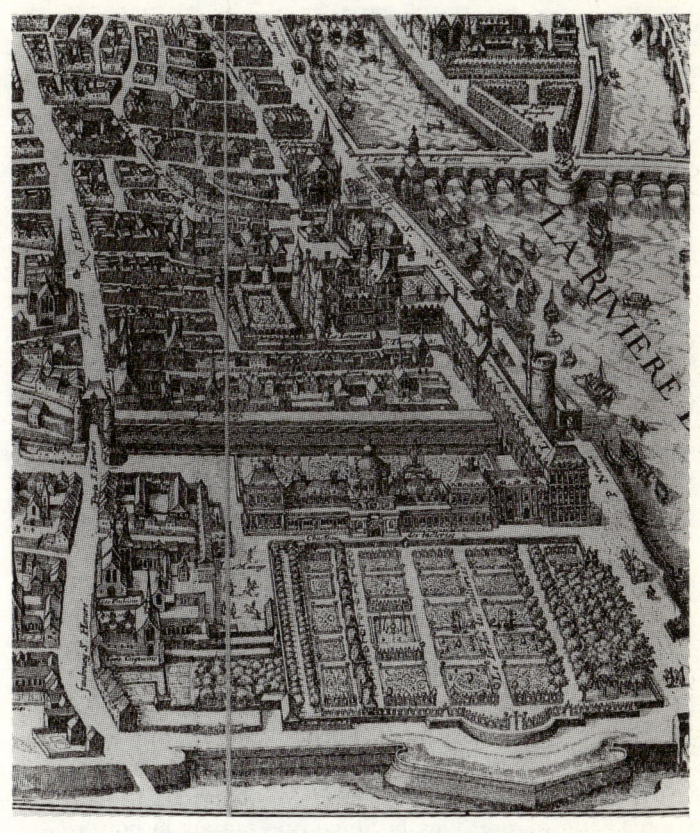

Le quartier du Louvre vers 1615.
Photo Roger-Viollet.

à l'âge de soixante-treize ans, à un orfèvre. Madame de Maintenon s'offrit à tresser la couronne de la fiancée, et à l'instruire des devoirs d'une mère de famille, qu'une petite fille inexpérimentée comme elle devait nécessairement ignorer.

En dépit de ces joyeux propos, mademoiselle de Scudéry redevint sérieuse au moment de prendre congé de la marquise, et jeta un coup d'œil sur l'écrin qui était resté dans ses mains. — Je ne me servirai cependant jamais de cette parure, madame la marquise, dit-elle. De quelque manière qu'elle me soit parvenue, elle a été en la possession de ces monstres qui volent et assassinent avec l'audace du démon, qui a peut-être fait un pacte avec eux. Je frémis en les voyant, car ils me semblent teints de sang au milieu de leur éclat. Et, je dois l'avouer, la conduite de ce Cardillac a quelque chose d'inquiétant et de funeste. Je ne puis me défendre d'un sombre pressentiment ; il me dit qu'un horrible, qu'un effroyable mystère est caché sous cet événement ; j'ai beau me remettre chaque circonstance sous les yeux, je ne puis m'expliquer en quoi ce mystère consiste, et pourquoi l'honnête et digne maître René, le type d'un bon et pieux bourgeois, me semble recéler des projets criminels, des desseins condamnables.

La marquise assura que c'était pousser trop loin le scrupule, mais lorsque mademoiselle de Scudéry lui demanda sur sa conscience ce qu'elle ferait en sa place, la marquise répondit d'un air grave et sérieux : — Plutôt jeter cette parure dans la Seine que jamais la porter !

L'entrevue de maître René avec mademoiselle de Scudéry inspira à celle-ci des vers fort agréables, qu'elle lut le lendemain au roi dans les appartements de madame de Maintenon. Il se peut que, malgré la terreur que lui causaient ses pressentiments, elle eût présenté sous de vives couleurs le tableau réjouissant d'une fiancée de soixante-treize ans. Bref, le roi rit beaucoup, et jura que Boileau-Despréaux avait trouvé son maître.

IV

Plusieurs mois s'étaient écoulés, lorsque le hasard voulut que mademoiselle de Scudéry passât sur le Pont-Neuf[1] dans le carrosse à glaces[2] de la duchesse de Montausier. L'invention des élégants carrosses à glaces était encore si nouvelle, qu'un peuple de curieux se pressait dans les rues dès qu'une voiture de ce genre y paraissait. Aussi, une multitude de badauds s'assembla sur le Pont-Neuf, et, environna le carrosse de madame de Montausier, de manière à empêcher les chevaux d'avancer. Tout à coup mademoiselle de Scudéry entendit un grand bruit, des malédictions et des jurements, et elle aperçut un homme qui se frayait de force un chemin à travers les rangs épais de la foule. Il s'approcha du carrosse, et les regards de mademoiselle de Scudéry rencontrèrent ceux d'un jeune homme pâle et défait, dont les yeux étaient étincelants. Il ne cessa pas de la regarder, tout en se défendant contre les curieux qui voulaient le repousser ; enfin il atteignit au marche-pied du carrosse, s'y élança

---

1. Le plus ancien pont de Paris malgré son nom. Il fut construit lorsque la rive gauche de la Seine, qu'on avait jusqu'alors traversée par un bac, connut un rapide développement vers la fin du XVIe siècle. Henri III en posa la première pierre en 1578. Les travaux, abandonnés à la mort de ce roi, reprirent sous Henri IV et furent achevés en 1606. Le Pont-Neuf n'était pas bordé de maisons. Il eut les premiers trottoirs de Paris. Une foule de badauds, sans cesse renouvelée, s'y pressait autour des attractions nombreuses qu'on pouvait y voir.
2. Carrosse d'apparat, qui fut introduit en France par Bassompierre en 1599.

avec impétuosité, jeta un billet sur le sein de mademoiselle de Scudéry, et disparut comme il était venu, en frappant indistinctement autour de lui pour se frayer un passage. La Martinière, qui se trouvait auprès de sa maîtresse, avait poussé un cri d'effroi dès que cet homme avait paru à la portière, et s'était laissée aller évanouie au fond du carrosse. En vain mademoiselle de Scudéry tira le cordon du cocher : celui-ci, comme pressé par un esprit malin, fouettait à outrance les chevaux, qui, faisant jaillir l'écume autour d'eux, piétinèrent avec bruit, se dressèrent, et franchirent enfin d'un galop rapide le pont qui retentissait sourdement sous leurs pas. Mademoiselle de Scudéry versa toutes ses eaux de senteur sur la pauvre femme de chambre, qui ouvrit enfin les yeux, et murmura péniblement, la pâleur et l'effroi sur son visage : Au nom de la bienheureuse Vierge Marie, que nous voulait cet homme terrible ? — Ah ! c'était bien lui, c'était le même qui vous apporta la cassette dans cette épouvantable nuit ! — Mademoiselle de Scudéry la tranquillisa en lui représentant qu'il n'était rien arrivé de fâcheux, et qu'il ne s'agissait que de lire un billet. Elle ouvrit le papier et y trouva ces mots :

« Un destin funeste, que vous pouvez détourner, me précipite dans l'abîme ! — Je vous supplie, comme un fils supplierait sa mère, avec toute l'ardeur d'un amour filial, de faire porter chez maître René Cardillac (que ce soit par quelque prétexte qu'il vous plaise d'imaginer, comme pour y faire un changement ou une réparation), le collier et les bracelets que vous avez reçus de moi ; votre bien-être, votre vie en dépendent. Si vous ne le faites, d'ici à après-demain, je pénètre dans votre maison, et je me tue sous vos yeux. »

— Il est bien certain, dit mademoiselle de Scudéry après la lecture du billet, il est bien certain que l'homme mystérieux, fût-il de la bande des assassins, ne médite rien contre moi. S'il était parvenu à me parler dans la nuit, qui sait s'il ne m'aurait pas révélé maintes choses que je m'efforce vainement d'expliquer. Mais, quoi qu'il en soit, je ferai ce qu'on me demande dans cette lettre, ne fût-ce que pour être délivrée de ces malheureux diamants qui me semblent un talisman [1] infernal. Cardillac, fidèle à ses vieilles habitudes, ne les laissera plus si facilement sortir de ses mains.

Le lendemain déjà mademoiselle de Scudéry comptait se rendre avec la parure chez l'orfèvre ; mais, comme si tous les beaux esprits de Paris se fussent donné rendez-vous chez elle, elle fut assiégée, durant toute la matinée, de vers, de comédies et d'anecdotes. A peine Chapelle avait-il achevé la lecture d'une scène de tragédie, en assurant malignement qu'il avait bien le projet de battre complètement Racine, que celui-ci entra et le réduisit au silence par une tirade pathétique, jusqu'à ce que Boileau vînt à son tour éclaircir le noir horizon tragique par les étincelles jaillissantes de son humeur caustique, et faire cesser les longs récits sur la colonnade du Louvre [2], qu'avait entamés le médecin-architecte Perrault.

La matinée était avancée, mademoiselle de Scudéry fut forcée de se rendre chez madame de Montausier ; il fallut bien remettre au lendemain la visite chez maître René Cardillac. Mademoiselle de Scudéry se sentait tourmentée d'une inquiétude extrême. Le jeune homme qu'elle avait vu était sans cesse devant ses yeux, et un souvenir confus, qui s'élevait du fond de son cœur, lui disait que ce n'était pas la première fois qu'elle avait contemplé ses traits. Elle

---

1. Objet porte-bonheur de caractère magique.
2. Élaboré par une commission dont faisait partie Claude Perrault (voir *Notices*), ce projet vit le jour en 1670.

ne put prendre le moindre repos ; il lui semblait qu'elle avait agi avec légèreté, et qu'elle était coupable de n'avoir pas offert une main secourable au malheureux qui lui tendait la sienne du bord de l'abîme ; elle se reprochait déjà de n'avoir pas prévenu un événement funeste, un crime horrible peut-être ! Dès le matin, elle se fit habiller, et, munie de l'écrin, elle se fit conduire en voiture chez l'orfèvre. Vers la rue Saint-Nicaise, où demeurait Cardillac, s'était assemblée une grande multitude ; on se pressait, même devant sa porte. On criait, on menaçait, on tempêtait. On voulait briser la porte, et la maréchaussée, qui cernait la maison, avait peine à contenir le peuple. Au milieu du tumulte et du bruit, des voix furieuses s'écriaient : — Déchirez, coupez en quartiers ce maudit assassin ! Enfin Desgrais parut avec une troupe nombreuse qui perça une avenue à travers la foule. La porte de la maison s'ouvrit, et un homme chargé de fers fut amené et entraîné au milieu des malédictions du peuple en furie. Au même instant, mademoiselle de Scudéry, presque évanouie de terreur, et saisie d'un affreux pressentiment entendit un cri perçant. — Avancez ! avancez toujours ! cria-t-elle au cocher, qui, tournant subitement et avec adresse, dispersa la foule et arrêta ses chevaux tout proche de la porte de Cardillac. Mademoiselle de Scudéry aperçut alors Desgrais, et à ses pieds, une jeune fille, belle comme le jour, les cheveux épars, demi-vêtue, le désespoir dans les traits ; elle tenait les genoux de Desgrais embrassés, et s'écriait avec l'accent d'une douleur mortelle : — Il est innocent ! il est innocent ! En vain Desgrais et ses soldats s'efforçaient-ils de l'éloigner et de la faire relever. Enfin un homme vigoureux et rustique[1] la saisit de ses lourdes mains, l'arracha avec force des genoux de Desgrais ;

---

1. De mœurs un peu rudes, sans manières, comme un paysan.

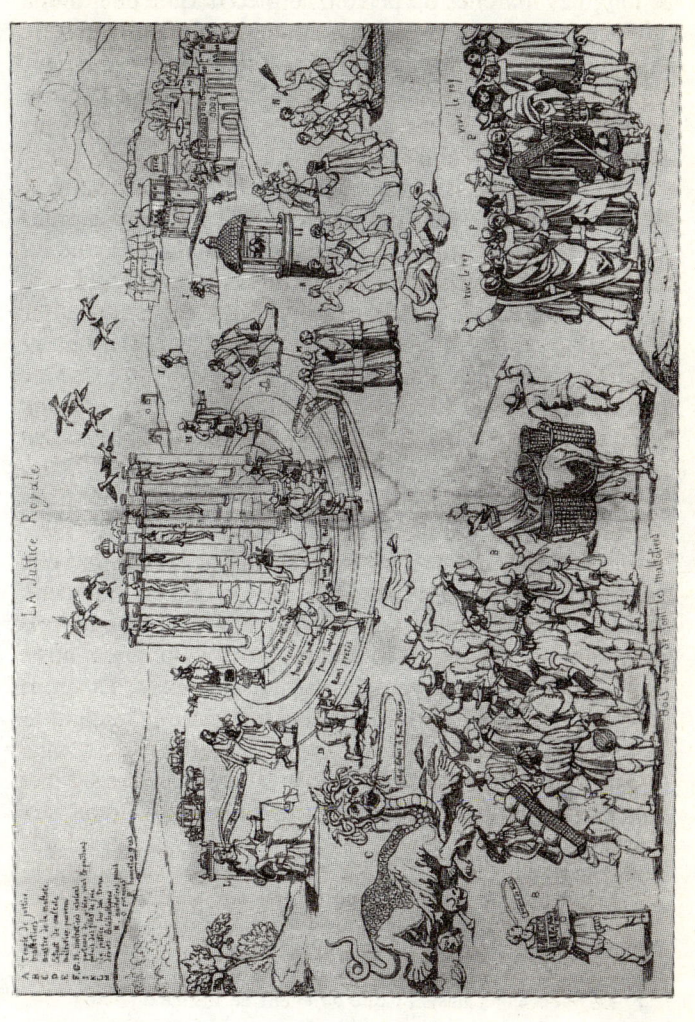

Photo Roger-Viollet.

mais, ébranlé lui-même par cet effort, il la laissa échapper le long des marches du perron, au pied duquel elle tomba sur le pavé, sans voix et sans mouvement. Mademoiselle de Scudéry ne put se contenir plus longtemps.

— Au nom de Jésus-Christ, qu'est-il arrivé ? que se passe-t-il ici ? s'écrie-t-elle en ouvrant vivement la portière et en descendant.

Le peuple s'écarta respectueusement devant la vénérable dame, qui, voyant quelques femmes compatissantes relever la jeune fille, la placer sur les marches et lui frotter le front avec une eau spiritueuse [1], s'approcha de Desgrais, et lui renouvela avec vivacité sa demande.

— Il est arrivé quelque chose d'épouvantable, répondit Desgrais. René Cardillac a été trouvé assassiné ce matin d'un coup de poignard. Le meurtrier est son apprenti, Olivier Brusson [2]. On vient de l'emmener en prison.

— Et cette jeune fille, s'écria mademoiselle de Scudéry.

— C'est Madelon, la fille de Cardillac. A présent elle pleure et elle gémit, et elle crie qu'Olivier est innocent, entièrement innocent. Après tout, elle a peut-être pris part à cette affaire, et il faudra que je la fasse aussi conduire à la Conciergerie [3]. En parlant ainsi, Desgrais jeta sur la jeune fille un regard qui fit frémir mademoiselle de Scudéry.

La jeune fille commençait à respirer ; mais hors d'état de prononcer une parole, de faire un mouvement, les

---

1. Alcoolisée.
2. Hoffmann s'est peut-être une fois encore inspiré du *Siècle de Louis XIV*. Voltaire parle d'un calviniste zélé, condamné à mort en 1698 pour avoir participé à un complot protestant qui visait à ouvrir le Languedoc aux troupes anglaises et savoyardes.
3. Prison célèbre, faisant partie du Palais de Justice.

yeux fermés, elle restait sans vie, et on ne savait s'il fallait la transporter dans la maison ou continuer de lui prodiguer des soins. Mademoiselle de Scudéry contemplait avec émotion ce visage innocent ; tout à coup un bruit sourd retentit sur les marches, on apportait le cadavre de Cardillac. Mademoiselle de Scudéry prit aussitôt sa résolution : — J'emmène cette jeune fille avec moi, dit-elle. Desgrais, chargez-vous du reste ! Un sourd murmure de satisfaction se prolongea parmi le peuple. Les femmes relevèrent la jeune fille, mille bras s'efforcèrent de la soutenir, et elle fut portée dans le carrosse, comme à travers les airs, au milieu des bénédictions qui s'échappaient de toutes les bouches en faveur de mademoiselle de Scudéry, dont la générosité arrachait cet enfant au tribunal de sang.

Grâce aux soins de Séron, le plus célèbre médecin de Paris, Madelon, qui était restée quelque temps dans un état d'insensibilité complète, fut enfin rappelée à elle-même. Mademoiselle de Scudéry acheva ce que le médecin avait commencé, en répandant de douces consolations dans l'âme de la jeune fille, jusqu'à ce qu'enfin un violent torrent de larmes s'échappât de ses yeux et soulageât son cœur. Elle essayait quelquefois de raconter ce qui s'était passé, mais toujours la douleur étouffait ses paroles.

A minuit, elle avait été réveillée par plusieurs légers coups frappés à la porte de sa chambre, et elle avait entendu la voix d'Olivier qui la conjurait de se lever sur-le-champ, parce que son père était sur le point de mourir. Elle s'était élancée de son lit avec épouvante, et avait ouvert la porte. Olivier, pâle, tremblant, baigné de sueur, s'était dirigé d'un pas vacillant, une lumière à la main, vers l'atelier ; elle l'avait suivi. Là, elle avait trouvé son père, les yeux fixés, râlant péniblement et se débattant avec la mort. Elle s'était jetée sur lui en gémissant, et alors seulement elle avait aperçu sa chemise souillée de sang. Olivier l'avait doucement éloignée, et s'était alors occupé de laver avec du baume vulnéraire [1] et de panser une blessure que portait son père au côté gauche du sein. Pendant ce temps, son père avait repris l'usage de ses sens, ses râles avaient cessé ; il avait jeté alors des regards attendris sur elle, puis sur Olivier, et prenant la main de sa fille, il l'avait placée dans celle de son apprenti, en les serrant toutes deux avec force. Tous deux, Olivier et elle, s'étaient agenouillés devant le lit où se trouvait Cardillac, il s'était relevé en poussant un cri perçant, mais il était retombé aussitôt, et il avait rendu l'âme avec un profond soupir. Ils s'étaient mis alors à pleurer ensemble et à gémir. Olivier lui avait raconté comment maître René avait été assassiné en sa présence, dans une course où il l'avait accompagné pendant la nuit par son ordre, et comme il avait porté jusqu'au logis, avec la plus grande fatigue, son maître, qui était fort lourd, et qu'il ne croyait pas mortellement blessé. Dès le point du jour, les gens de la maison étaient montés et les avaient trouvés encore à genoux devant le corps de Cardillac, et dans une désolation profonde. Un grand bruit s'était fait entendre, c'était la maréchaussée qui arrivait. Elle avait arrêté Olivier, que l'on accusait de la mort de son maître. Madelon ajouta le tableau le plus touchant de la vertu, de la piété et de la fidélité de son cher Olivier ; elle dit comme il avait honoré son maître de même que s'il eût été son père, comme celui-ci lui rendait sa tendresse avec usure [2], et comme il

---

1. Propre à la guérison des blessures.
2. Surabondamment, beaucoup plus qu'on a reçu. A l'origine « usure » signifie simplement « intérêt de l'argent ». C'est au XVIe siècle que ce mot prend le sens d'intérêt excessif.

l'avait choisi pour son gendre, malgré sa pauvreté, parce que son habileté égalait sa fidélité et ses nobles sentiments. Madelon raconta tout cela du plus profond de son cœur, et conclut en disant que si Olivier avait enfoncé, en sa présence, un poignard dans le sein de son père, elle regarderait cet événement comme un prestige [1] du diable, plutôt que de croire Olivier capable d'un crime aussi inouï et aussi horrible.

Mademoiselle de Scudéry, profondément touchée des peines de Madelon, et entièrement portée à croire à l'innocence du pauvre Olivier, prit des informations qui confirmèrent tout ce que Madelon lui avait dit au sujet des relations du maître avec son apprenti. Les gens de la maison, les voisins vantaient tout d'une voix Olivier comme un modèle de bonnes mœurs, de dévotion et d'assiduité au travail, et cependant, était-il question du crime, chacun haussait les épaules et disait qu'il y avait là-dedans quelque chose d'inconcevable.

Amené devant la chambre ardente, Olivier nia tout avec la plus grande fermeté, avec la sincérité d'un innocent, et assura que son maître avait été attaqué dans la rue en sa présence et assassiné, et qu'il l'avait emporté dans sa maison, où il avait bientôt expiré. Cette déclaration s'accordait avec celle de Madelon.

Mademoiselle de Scudéry se faisait sans cesse raconter les plus petites circonstances de cet horrible événement. Elle s'informa exactement si jamais une querelle s'était élevée entre le maître et le compagnon, si peut-être Olivier n'était pas entièrement maître de ces emportements qui s'emparent souvent des hommes les plus doux et les entraînent à des actes que leur volonté semble repousser ; mais plus elle répétait ses demandes,

---

1. Une illusion produite par un sortilège, par un acte de magie.

plus Madelon lui parlait avec enthousiasme du tranquille bonheur domestique où vivaient trois personnes liées par la tendresse la plus vive, et plus s'évanouissait l'ombre du soupçon d'un meurtre commis par Olivier. En examinant tout avec attention, en admettant qu'en dépit de tout ce qui attestait l'innocence d'Olivier, il fût néanmoins coupable du meurtre de Cardillac, mademoiselle de Scudéry ne pouvait trouver dans toutes ses dépositions aucun motif qui eût pu entraîner ce jeune homme à un crime dont le premier résultat était de troubler tout son bonheur. — Il est pauvre ; mais habile, il pouvait gagner l'amitié du maître le plus célèbre ; il aime sa fille, le maître favorise son amour ! le bonheur, l'aisance lui sont assurés pour le reste de ses jours ! — Mais soit qu'Olivier, irrité, Dieu sait pour quels motifs, ait attaqué traîtreusement son bienfaiteur, son père, quelle dissimulation maudite l'a porté à se conduire après le crime comme il l'a fait ! — Fermement convaincue de l'innocence d'Olivier, mademoiselle de Scudéry prit la résolution de sauver ce jeune homme à quelque prix que ce fût. Il lui sembla prudent, avant que de recourir à la clémence du roi lui-même, de s'adresser au président[1] La Reynie, d'éveiller son attention sur toutes les circonstances qui parlaient en faveur d'Olivier, et de faire naître, s'il était possible, dans l'âme du président, une conviction intérieure qui devait se communiquer aux autres juges. La Reynie reçut mademoiselle de Scudéry avec tout le respect auquel la digne dame, honorée de la bienveillance du roi, avait droit de prétendre. Il écouta avec calme ce qu'elle lui rapporta au sujet du crime, des rapports d'Olivier avec son maître et de son caractère. Mademoiselle de Scudéry lui répéta, plusieurs fois inter-

---

1. La plus haute autorité dans une commission judiciaire.

rompue par ses larmes, que, loin d'être l'ennemi des accusés, un juge devait écouter tout ce qui était en leur faveur ; et un sourire fin, presque ironique, témoigna seul qu'elle n'adressait pas ce discours à des oreilles complètement sourdes. Lorsqu'elle eut enfin tout dit, et qu'elle eut essuyé ses larmes, La Reynie répondit : — Il est digne de votre excellent cœur de vous laisser abuser par les larmes d'une jeune fille amoureuse, mademoiselle ; et il est tout naturel que vous ne puissiez admettre la pensée d'un semblable crime ; mais il en est autrement d'un juge qui est habitué à arracher le masque aux scélérats. Mon emploi ne m'oblige pas à dévoiler, à quiconque m'interroge, la marche d'un procès criminel. Mademoiselle, je fais mon devoir, peu m'importe le jugement du monde ! Les criminels doivent trembler devant la chambre ardente, qui ne connaît d'autres peines que le feu et le sang [1]. Mais devant vous, ma digne demoiselle, je ne voudrais pas passer pour un monstre de dureté et de cruauté ; permettez donc que je montre clairement à vos yeux, en peu de mots, l'action sanguinaire de l'assassin, qui, grâce au ciel, expiera son crime. Votre esprit pénétrant rejettera alors cette bienveillance qui vous fait honneur, mais qui ne me siérait pas. — Un matin, on trouve René Cardillac assassiné d'un coup de poignard. Personne n'est auprès de lui que son apprenti Olivier Brusson et sa fille. Entre autres choses, on trouve dans la chambre d'Olivier un poignard fraîchement teint de sang qui s'ajuste parfaitement à la blessure. — Cardillac, dit Olivier, a été assassiné dans la nuit, devant mes yeux. — Voulait-on le voler ? — Je l'ignore. — Tu

---

1. Qui n'inflige aucun autre châtiment que la mort, soit par le bûcher, soit en faisant couler le sang. De fait, la chambre ardente avait aussi prononcé des bannissements et des condamnations aux galères.

étais avec lui, et tu n'as pas pu t'opposer à l'assassin... le retenir, appeler du secours ? — Le maître marchait à quinze ou vingt pas devant moi, je le suivais. — Mais, au nom du ciel, pourquoi te tenir si éloigné ? — Le maître le voulait ainsi. — Qu'avait donc à faire maître Cardillac si tard dans les rues ? — Je ne puis le dire. D'ordinaire, il ne sortait jamais de la maison après neuf heures. Ici, Olivier s'embarrasse, il est confondu, il soupire, il répand des larmes, il jure par tout ce qu'il y a de plus sacré que Cardillac est réellement sorti dans la nuit et qu'il a trouvé la mort. Mais remarquez bien ceci, mademoiselle. Il est prouvé jusqu'à l'évidence la plus complète que Cardillac n'a point quitté sa maison cette nuit-là : ainsi l'assertion[1] d'Olivier, qui prétend être sorti avec lui, n'est qu'un audacieux mensonge. La porte de la maison est pourvue d'une lourde serrure qui fait un bruit aigu lorsqu'on l'ouvre et lorsqu'on la ferme ; puis les battants de la porte roulent sur leurs gonds en criant et en gémissant, ainsi que des essais réitérés[2] l'ont prouvé, de sorte que ce bruit retentit jusqu'à l'étage le plus élevé de la maison. Or, à l'étage le plus bas, ainsi tout près de la porte, demeure le vieux maître Claude Patru avec sa gouvernante, personne âgée d'environ quatre-vingts ans, mais encore vive et alerte. Ces deux personnes ont entendu Cardillac descendre l'escalier à neuf heures précises, selon sa coutume, fermer la porte à grand bruit, remonter, lire à haute voix la prière du soir, et puis se retirer dans sa chambre à coucher, comme on a pu l'entendre au craquement de la porte. Maître Claude est affligé d'insomnie comme il arrive aux vieilles gens.

---

1. L'affirmation, la déclaration.
2. Réitérer : recommencer, faire de nouveau ; étymologiquement, « faire deux fois le même chemin ».

« La Reynie avait un extérieur si repoussant et des formes si acerbes qu'il attirait la haine de ceux dont il devait être, par ses fonctions, le vengeur ou le soutien (chapitre II).

Dessin de Bisson - Photo Roger-Viollet.

Il était à peu près dix heures lorsque sa gouvernante traversa le vestibule pour aller prendre de la lumière dans la cuisine ; elle revint s'asseoir auprès de maître Claude et lui lut une ancienne chronique, tandis que le vieillard se livrant à ses pensées, tantôt se jetait dans un fauteuil, tantôt se relevait et se promenait lentement dans la chambre, pour gagner de la fatigue et du sommeil. Tout resta paisible et silencieux jusqu'après minuit. Ils entendirent alors au-dessus de leur tête des pas pesants, une chute lourde comme si un fardeau fût tombé sur le plancher, et aussitôt après de sourds gémissements. Ils furent tous deux saisis d'un effroi et d'une stupeur sans égales. L'idée d'un crime qui se commettait en cet instant passa dans leur esprit, puis le matin éclaircit ce qui avait eu lieu dans les ténèbres.

— Mais, au nom du ciel, dit mademoiselle de Scudéry, après tout ce que je vous ai raconté fort à la hâte, pouvez-vous imaginer le motif qui a donné lieu à ce crime infernal ?

— Hem ! répondit La Reynie, Cardillac n'était pas pauvre. — Il possédait des pierreries admirables.

— Sa fille, reprit mademoiselle de Scudéry, ne devait-elle pas hériter de tout cela ? Vous oubliez qu'Olivier allait devenir le gendre de Cardillac ?

— Il devait peut-être partager le butin, ou même accomplir un crime commandité[1], dit La Reynie.

— Partager, assassiner pour d'autres ! s'écria mademoiselle de Scudéry, frappée d'étonnement.

— Savez-vous, mademoiselle, continua le président, qu'Olivier aurait déjà versé son sang sur la place de Grève, si son attentat n'était point lié au mystère profond qui plane depuis si longtemps sur Paris ! Olivier appar-

---

1. La Reynie n'a pas de preuve absolue ; il émet une hypothèse.

tient indubitablement à la bande d'assassins qui, se jouant de toute la vigilance, de tous les efforts, de toutes les recherches des cours de justice, sait porter ses coups en sûreté et avec impunité. Par lui tout s'éclaircira, tout doit s'éclaircir [1]. La blessure de Cardillac est entièrement semblable à celle que portaient toutes les personnes qui ont été assassinées dans les rues et dans les maisons. Mais ce qui est plus décisif encore, depuis qu'Olivier Brusson est arrêté, tous les meurtres, tous les brigandages ont cessé ; les rues sont sûres la nuit comme le jour : preuve suffisante qu'Olivier était à la tête des bandits. Il ne veut encore rien avouer, mais il est des moyens de le faire parler malgré lui.

— Et Madelon, s'écria mademoiselle de Scudéry, la fidèle, l'innocente colombe !

— Eh ! qui me répond[2] qu'elle n'a pas trempé dans ce complot ! dit La Reynie en souriant méchamment ; que lui importe son père ! elle n'a de larmes que pour cet assassin.

— Que dites-vous ! il n'est pas possible ! son père ! une fille ! ! !

— Oh ! continua La Reynie, songez seulement à la Brinvilliers ! Vous me pardonnerez, si je me vois peut-être bientôt forcé de vous arracher votre protégée et de la faire jeter à la Conciergerie.

Un frisson glaça le sang de mademoiselle de Scudéry à ce soupçon. Elle vit que devant cet homme terrible il n'était pas de loyauté, pas de vertu[3] ; il cherchait le meurtre et les crimes au fond de tous les cœurs. Elle se

---

1. En passant aux aveux, s'il fait partie d'une bande organisée.
2. M'assure.
3. Énoncé d'un principe général : les hommes sont fondamentalement mauvais ; ils n'ont ni loyauté ni vertu.

leva. — Soyez humain ! c'est là tout ce qu'elle put dire. Au moment de descendre les degrés jusqu'où le président l'avait reconduite avec une cérémonieuse politesse, il lui vint, sans qu'elle pût s'en rendre compte, une pensée singulière.

— Me sera-t-il permis de voir le malheureux Olivier Brusson ? demanda-t-elle au président en se retournant vivement vers lui.

Celui-ci l'examina d'un air pensif, et sa figure prit ce sourire repoussant qui lui était propre. — Vous voulez sans doute, vous fiant plus à vos sensations et à une voix intérieure qu'à nos yeux, sonder vous-même la culpabilité ou l'innocence d'Olivier. Si le séjour du crime ne vous épouvante pas, si le tableau de l'abjection dans ses derniers degrés ne vous cause pas d'horreur, dans deux heures la Conciergerie vous sera ouverte. On vous montrera cet Olivier dont le destin excite votre compassion.

En effet, mademoiselle de Scudéry ne pouvait admettre que ce jeune homme fût coupable. Tout parlait contre lui, aucun juge n'eût agit autrement que l'avait fait La Reynie, mais le tableau du bonheur domestique présenté par Madelon sous des couleurs si vives effaçait tous les soupçons de mademoiselle de Scudéry ; elle aima mieux adopter une opinion inexplicable que d'admettre une pensée contre laquelle toute son âme se révoltait.

Elle résolut de se faire encore raconter par Olivier tout ce qui s'était passé dans la fameuse nuit, et de pénétrer autant qu'il serait possible un secret qui n'avait pas été révélé aux juges, uniquement peut-être parce qu'ils avaient négligé de le sonder.

Arrivée à la Conciergerie, on conduisit mademoiselle de Scudéry dans une grande chambre fort claire. Peu de moments après, elle entendit un bruit de chaînes. On amenait Olivier Brusson. Mais dès qu'il eut passé la porte, mademoiselle de Scudéry tomba évanouie[1]. Lorsqu'elle revint à elle, Olivier avait disparu. Elle demanda avec violence qu'on la reconduisît à sa voiture, et elle voulut quitter aussitôt ce repaire de scélérats. Hélas ! elle avait reconnu, au premier coup d'œil, dans Olivier Brusson le jeune homme qui, sur le Pont-Neuf, avait jeté un billet dans sa voiture, celui qui lui avait apporté la cassette de pierreries.

V

Tous les doutes de mademoiselle de Scudéry étaient dissipés ; les terribles soupçons de La Reynie se trouvaient confirmés. Olivier Brusson appartenait à cette terrible bande d'assassins ; il avait certainement égorgé son maître ! — Et Madelon ?... Jamais mademoiselle de Scudéry n'avait été plus amèrement trompée dans ses sentiments intimes ; mortellement atteinte sur la terre par les puissances infernales dont elle avait nié l'existence, elle doutait alors de toutes les vérités. Elle ouvrit son âme aux plus affreux soupçons ; elle crut même que Madelon pouvait avoir trempé dans ce crime et avoir pris part au meurtre ; et comme il arrive toujours à l'esprit humain, qui, dès qu'il réveille une image, cherche avidement des couleurs pour en charger les traits, mademoiselle de Scudéry trouva dans la conduite de Madelon mille circonstances qui devaient nourrir ses soupçons. Ainsi, maintes choses qui avaient passé à ses yeux jusqu'alors comme

---

[1]. Le précédent accès de faiblesse était celui de la servante de Mlle de Scudéry devant le même personnage. L'évanouissement représente chez Hoffmann une sorte d'artifice scénique relançant le suspense.

un témoignage d'innocence et de pureté lui devinrent un indice certain d'audace et de méchanceté. Ces gémissements, ces larmes de sang pouvaient lui avoir été arrachées par l'effroi mortel de voir son amant périr sur l'échafaud, par la crainte même de tomber à son tour sous la main du bourreau. Arracher de son sein la vipère qu'elle y avait recueillie, ce fut la pensée qui occupa mademoiselle de Scudéry en sortant de sa voiture. Quand elle rentra dans sa chambre, Madelon accourut se jeter à ses pieds, les yeux levés vers elle ; ceux des anges de Dieu ne sont pas plus purs ; les mains jointes, elle lui demandait du secours et des consolations. Mademoiselle de Scudéry, se contenant avec peine et cherchant à donner à sa voix le plus de gravité et de calme possible, lui répondit : — Va ! va ! console-toi de la mort d'un assassin qui va recevoir le prix de ses crimes. Que la Sainte Vierge te garde, et te préserve toi-même d'être convaincue d'un horrible crime !

— Ah ! maintenant tout est perdu ! Madelon poussa alors un cri perçant et tomba sans mouvement sur le plancher. Mademoiselle de Scudéry abandonna la jeune fille aux soins de la Martinière, et se retira dans une autre chambre.

Le cœur déchiré, arrachée à toutes les illusions de la terre, mademoiselle de Scudéry souhaitait quitter la vie, ne plus rester dans un monde trompeur et perverti. Elle se plaignait du sort dont la faveur amère lui avait accordé tant d'années pour se fortifier dans sa croyance en la loyauté et en la vertu [1], et qui anéantissait, dans ses derniers jours, cette belle illusion qui avait répandu tant de charme sur sa vie.

---

1. Voir p. 65, note 3. Hoffmann souligne ici l'opposition entre l'idéalisme de Mlle de Scudéry et le réalisme de La Reynie.

Elle entendit la Martinière rassurer Madelon, qui soupirait doucement et gémissait. — Ah ! disait-elle, elle aussi ! — Elle aussi ! les cruels l'on trompée. Malheureuse que je suis ! — Pauvre, pauvre Olivier ! Ces accents pénétrèrent jusqu'au fond du cœur de mademoiselle de Scudéry, et il s'y éleva de nouveau le pressentiment d'un mystère, la foi en l'innocence d'Olivier. Assiégée par les sentiments les plus contradictoires, hors d'elle-même, mademoiselle de Scudéry s'écria : Quel génie infernal [1] m'a donc enveloppée dans cette horrible intrigue qui me coûtera la vie !

En ce moment, Baptiste entra, pâle et effrayé, disant que Desgrais était là dehors. Depuis l'épouvantable procès de la Voisin, l'apparition de Desgrais dans une maison était un indice certain d'une accusation criminelle : de là la terreur de Baptiste. Aussi, sa maîtresse lui demanda en souriant : — Qu'as-tu, Baptiste ? allons, dis-le-moi ? le nom de Scudéry s'est aussi trouvé sur la liste de la Voisin ?

— Jésus ! s'écria Baptiste, tremblant de tous ses membres, comment pouvez-vous dire des choses semblables ? Mais Desgrais m'a paru si mystérieux ; il semble ne pouvoir prendre patience jusqu'au moment de vous parler.

— Eh bien, Baptiste, dit mademoiselle de Scudéry, fais donc entrer tout de suite cet homme qui est si terrible pour vous, et qui, pour moi, ne saurait me causer d'inquiétude.

— Le président La Reynie, dit Desgrais en entrant, m'envoie vers vous, mademoiselle, avec une prière à laquelle il n'espérerait pas vous voir accéder, s'il ne connaissait votre vertu et votre courage, si ce dernier moyen qui lui reste de dévoiler un crime n'était dans vos

---

1. Génie des Enfers ; par extension : le diable. Voir plus loin (pp. 86 et *sq.*) aussi, les remarques sur l'origine infernale de Cardillac.

mains, et si vous n'aviez pas déjà pris part à ce procès qui nous tient tous en haleine, nous et la chambre ardente. Olivier Brusson, depuis qu'il vous a vue, est presque fou. Autant il semblait disposé à un aveu, autant il montre de résistance maintenant ; il jure de nouveau, par Jésus-Christ et par tous les saints, qu'il est entièrement innocent du meurtre de Cardillac, bien qu'il soit prêt à subir la mort qu'il a méritée. Remarquez, mademoiselle, que ces derniers mots se rapportent apparemment à d'autres crimes qu'il aurait pu commettre. Mais tous les efforts pour tirer de lui un mot de plus sont inutiles ; la menace même de la torture n'a produit aucun résultat. Il nous supplie, il nous conjure de lui procurer un entretien avec vous ; à vous, à vous seule, il veut tout avouer. Daignez, mademoiselle, recevoir les aveux de Brusson.

— Quoi ! s'écria mademoiselle de Scudéry, outrée d'indignation, dois-je servir d'organe à un tribunal de sang ! dois-je abuser de la confiance d'un malheureux pour le conduire à l'échafaud ! Non, Desgrais ; quelque infâme que soit un assassin, il ne me sera jamais possible de le tromper avec tant de scélératesse. Je ne veux rien savoir de ses secrets qui resteraient renfermés dans mon sein comme une sainte confession.

— Peut-être, mademoiselle, répliqua Desgrais en souriant finement, peut-être vos dispositions changeraient-elles, si vous aviez entendu Brusson. N'avez-vous pas prié vous-même le président d'être humain ? Il se montre tel, en cédant à la folle exigence de Brusson, et en essayant d'un dernier moyen, avant de lui faire donner la question [1] pour laquelle il est mûr depuis longtemps.

---

1. La torture infligée aux accusés pour en obtenir des aveux. On distingue la « question préparatoire », ordonnée sur de simples indices, de la « question définitive », donnée pour obtenir le nom de complices.

Mademoiselle de Scudéry frissonna.

— Ne craignez pas, ma digne demoiselle, qu'on exige que vous entriez encore une fois dans ces sombres cachots qui vous remplissent d'horreur et d'épouvante. Olivier sera conduit chez vous comme s'il était en liberté, dans le silence de la nuit, sans aucun appareil [1]. Bien gardé, mais sans qu'on l'écoute, il pourra tout vous avouer sans contrainte. Je vous réponds sur ma vie que vous n'avez rien à craindre pour vous-même de ce misérable. Il parle de vous avec un respect profond et sincère. Il jure que le destin, qui l'a empêché de vous voir plus tôt, a seul causé sa mort. Et d'ailleurs, il vous sera permis de taire ce que Brusson vous aura révélé. Peut-on moins vous contraindre ?

Mademoiselle de Scudéry resta quelques moments pensive et les yeux baissés. Il lui semblait qu'elle dût obéir à la Providence, qui la choisissait pour découvrir un secret horrible, et elle voyait bien qu'elle ne pouvait plus se libérer des liens mystérieux [2] auxquels elle s'était laissé prendre bien malgré elle. Tout à coup elle parut résolue, et elle dit avec dignité : — Dieu me donnera de la force et du courage : amenez ici Brusson, je veux le voir.

Comme le jour où Brusson lui avait apporté la cassette, on frappa à la porte de la maison vers minuit. Baptiste, informé de la visite nocturne, ouvrit. Un frisson glacial s'empara de mademoiselle de Scudéry lorsqu'aux pas répétés, au bruit sourd qu'elle entendit, elle s'aperçut

---

Elle peut être ordinaire ou extraordinaire, suivant le degré de violence appliqué. Il s'agit ici probablement de la question définitive.
1. Sans escorte policière (ici).
2. En allemand « *wunderbar* », au sens d'étrange, de surnaturel, qui s'écarte du cours normal des choses.

que les gardes qui avaient amené Brusson se répandaient dans tous les corridors de la maison.

Enfin la porte de la chambre s'ouvrit doucement. Desgrais entra ; derrière lui, Olivier Brusson, sans chaînes, bien vêtu. — Mademoiselle, voici Brusson, dit Desgrais en s'inclinant respectueusement ; et il sortit de la chambre.

Brusson tomba sur ses deux genoux devant mademoiselle de Scudéry, élevant vers elle ses mains jointes, et les yeux inondés de larmes.

Mademoiselle de Scudéry pâlit, le regarda et ne put proférer une parole. Même dans ces traits dévorés par le chagrin, par le désespoir, perçait l'expression d'une loyauté et d'une pureté extrêmes. Plus mademoiselle de Scudéry laissait reposer ses regards sur la figure de Brusson, plus le souvenir de quelque personne aimée dont elle ne pouvait se souvenir que confusément se présentait vivement à sa mémoire. Toutes ses terreurs s'évanouirent, elle oublia que l'assassin de Cardillac était à genoux devant elle, et elle lui parla avec le ton d'aménité, de bienveillance parfaite qui lui était propre.

— Eh bien, Brusson, qu'avez-vous à me dire ?

Celui-ci, toujours à genoux, soupira plus douloureusement encore et répondit : O ma digne et vénérable demoiselle, toute trace de souvenir est-elle donc effacée !

Mademoiselle de Scudéry, le regardant plus attentivement, répondit qu'elle trouvait en effet en lui de la ressemblance avec une personne qu'elle avait chérie, et que c'était à cette ressemblance seule qu'elle devait la force qu'elle avait eue de vaincre l'horreur profonde que lui inspirait un assassin ; elle ajouta qu'elle était prête à l'écouter. Profondément blessé par ces paroles, Brusson se leva vivement, et recula d'un pas, le regard sombre et baissé vers la terre ; puis il dit d'une voix sourde : Avez-vous donc entièrement oublié Anne Guiot ? — Votre fils[1] Olivier, l'enfant que vous berciez souvent sur vos genoux ; c'est lui, il est devant vous.

— Au nom de tous les saints ! s'écria mademoiselle de Scudéry en se couvrant le visage de ses deux mains et retombant sur les coussins de son fauteuil. La pauvre demoiselle n'avait que trop de raisons de s'étonner ainsi. Anne Guiot, fille d'un bourgeois appauvri[2] avait été laissée dès son enfance chez mademoiselle de Scudéry, qui l'avait élevée avec la sollicitude et les soins d'une mère tendre. Lorsqu'elle fut devenue grande, il se trouva un beau garçon, de bonnes mœurs, nommé Claude Brusson, qui la demanda en mariage. Comme c'était un très habile horloger qui ne pouvait manquer de gagner facilement sa vie à Paris, et comme, de son côté, Anne avait pris de l'affection pour lui, mademoiselle de Scudéry n'hésita pas à consentir au mariage de sa fille d'adoption. Les jeunes gens s'établirent, vécurent dans les douceurs et dans le calme du bonheur domestique, et la naissance d'un enfant merveilleusement beau, l'image fidèle de sa mère, resserra leurs nœuds.

Mademoiselle de Scudéry fit du petit Olivier son idole ; elle l'enlevait à sa mère durant des heures, des jours entiers, pour le caresser. L'enfant s'accoutumait à la voir, et il restait auprès de mademoiselle de Scudéry comme auprès de sa mère. — Trois ans s'étaient écoulés lorsque la jalousie des confrères de Brusson vint lui nuire ; chaque jour son travail diminua, et il eut enfin beaucoup de peine à pourvoir à sa subsistance. Le désir de revoir sa belle ville natale de Genève s'empara alors

---

1. En réalité : votre petit-fils, né de votre fille adoptive.
2. De modeste origine et désargenté ; qui a perdu sa fortune.

de lui, et la petite famille partit pour la Suisse, malgré les instances de mademoiselle de Scudéry, qui avait promis de la soutenir. Anne écrivit plusieurs fois à sa mère adoptive, puis elle cessa d'écrire, et mademoiselle de Scudéry pensa qu'ils étaient heureux et qu'ils ne voulaient pas troubler leur bonheur par le souvenir de leurs jours de souffrance.

Vingt-trois ans accomplis s'étaient écoulés depuis que Brusson avait quitté Paris avec sa femme et son enfant pour se retirer à Genève.

— O pensée épouvantable ! s'écria mademoiselle de Scudéry lorsqu'elle retrouva la force de parler. Tu es Olivier, le fils de ma Guiot ! et aujourd'hui !...

— Sans doute, répondit Olivier avec calme, sans doute, mademoiselle ; vous n'avez jamais pensé que l'enfant à qui vous donniez les noms les plus doux, que vous balanciez sur vos genoux, se présenterait un jour chez vous, accusé d'un assassinat horrible. Je ne suis pas exempt de reproches, la chambre ardente a le droit de m'accuser d'un crime ; mais aussi vrai que je veux mourir sauvé, fût-ce de la main du bourreau, je suis pur de ce sang ; ce n'est pas par moi, ce n'est pas par ma faute, que celui du malheureux Cardillac a été versé !

A ces mots, un tremblement universel fit chanceler Olivier, mademoiselle de Scudéry lui indiqua en silence un tabouret. Il y prit place lentement.

VI

— J'ai eu assez de temps, dit Olivier, pour me préparer à cette entrevue avec vous, que je regarde comme la dernière faveur du ciel réconcilié, et pour gagner le calme et la confiance dont j'ai besoin pour vous raconter l'histoire inouïe de mes infortunes. Par compassion,

Vues de la Place de Grève, où avaient lieu les exécutions capitales.

Musée Carnavalet - Photos Bulloz.

écoutez-moi avec patience, quelque horreur que vous cause la découverte d'un secret auquel vous ne vous attendiez certainement pas. Ah ! si mon pauvre père n'avait jamais quitté Paris ! Aussi loin que s'étendent mes souvenirs de Genève, je me vis arrosé des pleurs de mes pauvres parents, et attendri jusqu'aux larmes par leurs plaintes que je ne comprenais pas. Plus tard, j'eus le sentiment distinct, la connaissance complète du besoin écrasant, de la profonde misère où vivaient mes parents. Mon père s'était vu trompé dans toutes ses espérances. Courbé sous le désespoir, succombant sous ses maux, il mourut au moment où il venait de réussir à me placer comme apprenti chez un orfèvre. Ma mère parlait beaucoup de vous, elle voulait vous confier ses douleurs ; mais quand elle voulait le faire, elle était toujours arrêtée par le découragement qui vient de la misère. Peu de mois après la mort de mon père, ma mère le suivit au tombeau.

— Pauvre Anne ! pauvre Anne ! s'écria mademoiselle de Scudéry pénétrée de douleur.

— Grâces, grâces éternelles soient à Dieu qui l'a fait mourir ! Elle ne verra pas son fils chéri marqué par la main infâme du bourreau ! Ainsi, s'écria Olivier en lançant vers le ciel un regard plein de fureur.

On entendit du bruit au-dehors ; on allait et on venait.

— Oh ! oh ! dit Olivier en souriant amèrement, Desgrais veille avec ses suppôts [1] comme si j'avais envie de fuir. Mais continuons. Je fus rudement traité par mon maître, quoique je fisse de grands progrès et que je l'eusse bientôt surpassé lui-même. Il arriva qu'un jour un étranger entra dans notre atelier pour y acheter quel-

---

1. Suppôt : employé subalterne, et par dérivation : employé aux basses besognes.

ques bijoux, et voyant un beau collier auquel je travaillais, il me frappa sur l'épaule d'un air amical : Eh ! eh ! mon jeune ami, dit-il, voilà un travail admirable. Je ne sais en vérité qui pourrait vous surpasser, si ce n'est René Cardillac, qui est sans contredit le premier orfèvre du monde. Vous devriez aller le trouver ; il vous recevra avec joie dans son atelier, car vous seul vous pourriez l'assister dans ses travaux ! et de votre côté, ce n'est que près de lui que vous pourrez apprendre quelque chose. Ces paroles de l'étranger étaient restées profondément gravées dans mon âme ; il n'y eut plus de repos pour moi dans Genève, une puissance irrésistible m'entraînait loin de là. Enfin je parvins à me dégager du contrat qui me liait avec mon maître, et je vins à Paris. René Cardillac me reçut sèchement et d'un air farouche. Je ne me rebutai pas, et j'insistai pour qu'il me donnât de l'ouvrage, quelque minime qu'il fût. C'était une petite bague à monter. Lorsque je lui rapportai mon travail, il me regarda longtemps de ses yeux étincelants, comme s'il eût voulu pénétrer jusqu'au fond de mon âme ; puis il me dit : — Tu es un bon ouvrier, tu peux venir ici et m'aider dans mon atelier, je te paierai bien, tu seras content de moi. — Cardillac tint parole. J'étais déjà chez lui depuis plusieurs semaines, et je n'avais pas vu Madelon, qui, si je ne me trompe, était à la campagne chez un cousin de Cardillac. Enfin, elle vint. O puissances du ciel ! que devins-je quand je vis cet ange ! jamais homme a-t-il aimé ainsi ! et maintenant... O Madelon !

La douleur étouffa la voix d'Olivier. Il tint ses deux mains sur son visage, et pleura amèrement. Enfin, surmontant le mal cuisant qui le déchirait, il continua :

— Madelon me regardait d'un air bienveillant. Elle se montrait de plus en plus souvent dans l'atelier. Je m'aperçus avec ravissement qu'elle m'aimait. Bien que son père nous surveillât rigoureusement, plus d'une fois nos mains se serrèrent furtivement en signe d'union secrète, et Cardillac ne vit rien. Je me disais : Quand j'aurai gagné ses bonnes grâces et les moyens d'arriver à la maîtrise, je lui demanderai la main de Madelon. Mais un matin où je me disposais à commencer mon ouvrage, Cardillac vint se placer devant moi et me lança des regards de colère et de mépris.

— Je n'ai plus besoin de ton travail, me dit-il, sors de la maison à l'instant même, et ne reparais jamais devant mes yeux ! je n'ai pas besoin de te dire pourquoi je ne veux plus de toi. Pauvre diable, les doux fruits que tu voudrais cueillir sont trop haut placés pour toi.

— Je voulus parler, il me saisit d'une main vigoureuse et me jeta si rudement dehors que je tombai sur le pavé, la tête et les bras ensanglantés.

Hors de moi, déchiré par la douleur, je m'éloignai de cette maison, et je trouvai enfin, à l'extrémité du faubourg Saint-Martin, un ouvrier de ma connaissance, honnête garçon qui me recueillit dans sa mansarde. Je n'avais pas de repos, pas de relâche. La nuit je me glissais près de la maison de Cardillac, espérant que Madelon entendrait mes soupirs, mes plaintes, qu'elle parviendrait peut-être à me parler sans être vue. Mille projets divers se croisaient dans mon cerveau, et je concevais l'espoir de l'engager à m'aider dans leur exécution. A la maison de Cardillac, dans la rue Saint-Nicaise, se joint une haute muraille où se trouvent des niches et des statues mutilées [1]. Une nuit, je me tenais tout près de l'une de ces statues, et je levais les yeux vers les fenêtres de la maison placées au-dessus de la

---

1. Partiellement brisées, par l'usure du temps, par vandalisme ou par fanatisme politique ou religieux.

cour qu'enceint le mur. J'aperçois tout à coup de la lumière dans l'atelier de Cardillac. Il est minuit, jamais Cardillac n'est debout à cette heure, il a coutume de se coucher à neuf heures précises. Le cœur me bat d'inquiétude, je songe qu'un événement quelconque va m'ouvrir l'entrée de cette maison ; et la lumière disparaît. Je me serre contre la statue, au fond de la niche, et je me recule avec effroi en sentant un mouvement opposé au mien, comme si la statue devenait vivante. Dans l'obscurité grisâtre de la nuit, je vois le piédestal se mouvoir lentement, une figure sombre apparaît et s'avance avec précaution dans la rue. Je m'élance vers la statue, elle est de nouveau immobile et adossée à la muraille. Involontairement poussé par une puissance secrète, je me glisse derrière cet homme. Arrivé devant l'image d'une Vierge, il se retourne, et à la clarté de la lampe qui brûle toujours en ce lieu, j'aperçois son visage : c'est Cardillac ! Une crainte indéfinissable, une terreur sinistre, s'emparent de moi. Dirigé comme par un charme [1], il faut que je marche, que je suive ce promeneur nocturne, ce somnambule. Car je tenais le maître pour tel ; bien que nous ne fussions pas au temps de la pleine lune, où les malades sont atteints de cette manie pendant leur sommeil. Enfin Cardillac disparaît dans l'ombre. A une petite toux que je reconnais, je m'aperçois qu'il s'est retiré dans l'allée d'une maison. Que signifie cette conduite ! que va-t-il faire ? Je m'interroge ainsi avec étonnement, et je me retire tout près des maisons. Peu de moments se sont écoulés, un homme portant sur son chapeau des plumes éclatantes, et dont les éperons retentissent fortement,

---

1. Charme : du latin *carmen*, chant. Formule (en vers ou en prose) douée du pouvoir de changer l'ordre naturel des choses et, par extension, effet exercé par tout art ou pratique magique.

arrive en chantonnant. Comme un tigre élancé[1] de sa tanière, Cardillac fond sur cet homme, qui tombe à l'instant sur le pavé en poussant un long gémissement. J'accours en jetant un cri d'effroi, Cardillac était sur le corps de cet infortuné, étendu sans mouvement.

— Maître Cardillac, que faites-vous ? m'écriai-je à haute voix.

— Maudit ! s'écrie à son tour Cardillac en rugissant. Il passe devant moi avec la rapidité d'un éclair et disparaît. Hors de moi, pouvant à peine me soutenir, je m'approche de l'homme qui est à terre. Je me mets à genoux près de lui. Peut-être, pensai-je, est-il temps encore de le sauver ; mais il ne reste en lui aucune trace de vie. Dans ma terreur mortelle, je remarque à peine que la maréchaussée m'environne.

— En voilà encore un que ces diables ont jeté par terre.

— Eh ! eh ! jeune homme, que fais-tu là ? — Es-tu de la bande ? — Allons, avance !

— En me parlant ainsi ils se disposaient à me saisir. Je pouvais à peine balbutier que j'étais incapable de commettre un tel crime et que je les priais de me laisser retirer en paix, lorsqu'un d'eux me portant sa lanterne au visage, se mit à rire en disant : C'est Olivier Brusson, le compagnon orfèvre qui travaille chez notre brave et honnête René Cardillac ! ce n'est pas lui qui assassinerait dans les rues !

— Il m'a tout l'air de cela cependant, dit un autre. C'est bien, en effet, dans les habitudes des assassins de se lamenter sur le corps de leur victime jusqu'à ce qu'on vienne les arrêter.

— Allons, parle, garçon, dis-nous tout hardiment.

---

1. Qui s'élance de sa tanière.

Je leur racontai qu'un homme s'était élancé du lieu où je passais sur celui qui était étendu là ! l'avait renversé, et qu'il s'était enfui à mes cris. Pour moi, je m'étais arrêté pour voir s'il était possible de secourir encore ce malheureux.

— Non, mon fils, dit un de ceux qui avaient soulevé le cadavre, celui-là est bien tué ; le poignard a traversé le cœur, comme à l'ordinaire.

— Diable ! dit un autre, nous sommes encore arrivés trop tard, comme avant-hier. A ces mots, ils s'éloignèrent, emportant avec eux le cadavre.

Ce que j'éprouvais, je ne puis le dire. Je me tâtais pour bien m'assurer que je n'étais pas harcelé par un mauvais rêve ; je m'attendais à me réveiller et à bien m'étonner de cette folle histoire.

— Cardillac... le père de ma chère Madelon, un infâme assassin ! J'étais tombé sans force sur les marches extérieures d'une maison. Le matin vint peu à peu dissiper la nuit. Un chapeau d'officier, richement orné de plumes, était étendu devant moi sur le pavé. L'action sanglante de Cardillac, qui avait eu lieu sur la place même où je me trouvais, se présenta vivement à ma pensée. Je m'enfuis avec horreur.

Tout troublé, hors d'état de rassembler mes pensées, j'étais assis dans mon grenier lorsque la porte s'ouvrit et René Cardillac entra.

— Au nom du Christ ! que venez-vous faire ici ? lui criai-je.

Lui, ne faisant nulle attention à mon effroi, vint à moi et me sourit avec un calme et une bonhomie qui augmentèrent encore l'horreur que j'éprouvais. Il prit un escabeau vermoulu et s'assit près de moi, car je n'avais pas la force de me soulever du lit de paille sur lequel je m'étais jeté.

— Eh bien ! Olivier, dit-il, comment vas-tu, pauvre garçon ? Je me suis vraiment trop pressé en te renvoyant de ma maison. Tu me manques de tous les coins et de tous les bouts [1]. En ce moment surtout, j'ai un travail que je ne puis achever sans toi. Que dirais-tu si je te proposais de revenir travailler dans mon atelier ? Tu ne dis rien ? Oh ! je le sais, je t'ai offensé. Je ne voulais pas te laisser ignorer que j'étais en colère contre toi, à cause de tes amourettes avec Madelon. Mais depuis j'ai bien pesé la chose, et j'ai trouvé qu'à cause de ton application, de ton adresse et de ta fidélité, je ne pouvais souhaiter un meilleur gendre que toi. Viens donc avec moi, et arrange-toi de manière à gagner Madelon pour femme.

Les paroles de Cardillac me perçaient le cœur, je frémissais de sa noirceur, je ne pouvais prononcer une parole.

— Tu hésites ! reprit-il d'un ton rude et les yeux étincelants. Tu ne peux peut-être pas venir aujourd'hui avec moi ; tu as d'autres affaires ! Visiter Desgrais, ou même te faire introduire chez d'Argenson ou La Reynie. Prends garde, garçon, prends garde que les griffes que tu veux faire agir pour saisir les autres ne te saisissent et ne te déchirent toi-même.

Alors ma fureur, longtemps contenue, se fit jour. — Que ceux qui se reprochent des crimes craignent ces noms-là, moi je ne les redoute pas, je n'ai rien à démêler avec eux ! m'écriai-je.

— Après tout, Olivier, me dit Cardillac, il y a de l'honneur pour toi à travailler dans ma maison, chez moi, le maître le plus célèbre de son temps, estimé par-

---

1. Traduction littérale de l'allemand *(an allen Ecken und Enden)* : « Tu me manques partout et continuellement. »

tout à cause de sa droiture et de sa probité au point que la calomnie contre lui retomberait sur la tête du calomniateur. Quant à ce qui concerne Madelon, je dois t'avouer que tu ne dois ma générosité qu'à elle. Elle t'aime avec une violence dont je n'aurais jamais cru la tendre enfant capable. Dès que tu fus parti, elle tomba à mes pieds, embrassa mes genoux, et m'avoua en pleurant qu'elle ne pouvait vivre sans toi. Je pensais qu'elle se faisait cette idée comme toutes les jeunes créatures qui veulent toutes mourir quand le premier blanc-bec [1] qui les a regardées tendrement vient à s'éloigner. Mais, en effet, Madelon devint languissante et malade, et quand je voulais la détourner de sa folie, elle répétait cent fois ton nom. Enfin, que devais-je faire ? je ne voulais pas la désespérer. Hier au soir, je lui dis que je consentais à tout, et que j'irais te chercher aujourd'hui. Aussi, cette nuit, elle s'est épanouie comme une rose ; elle t'attend, hors d'elle-même de plaisir et de bonheur. — Que la puissance éternelle me pardonne ; mais je ne sais pas comment il arriva que je me trouvai tout à coup dans la maison de Cardillac, que Madelon criant : Olivier, mon Olivier, mon bien-aimé, mon époux ! me serra dans ses bras, me pressa contre son cœur, et que moi, dans l'excès du plus grand ravissement, je jurai par la Sainte Vierge et par tous les saints que jamais, jamais je ne la quitterais.

Ému par le souvenir de ce moment si doux, Olivier s'arrêta quelques instants. Mademoiselle de Scudéry, remplie d'horreur en apprenant le crime d'un homme qu'elle avait regardé comme un modèle de vertu et de probité, s'écria : — L'horrible découverte ! Quoi ! René

---

1. *Milchgesicht*, visage de lait. Nous traduisons religieusement le texte *(Note de l'édition originale)*.

Cardillac faisait partie de cette bande d'assassins qui a fait si longtemps de notre bonne ville un repaire de bandits ? — Que dites-vous, mademoiselle ? reprit Olivier ; vous parlez d'une bande d'assassins ? jamais une telle bande n'a existé, c'était Cardillac seul, dont l'effroyable activité recherchait et trouvait ses victimes dans toute la ville. C'est en cela que consistait sa sécurité, et de là l'extrême difficulté de découvrir les traces de l'assassin. Mais laissez-moi continuer, la suite vous découvrira les secrets du plus coupable et en même temps du plus malheureux de tous les hommes. On peut facilement se faire une idée de ma situation chez mon maître. J'avais fait un pas en avant, je ne pouvais plus reculer. Quelquefois il me semblait que moi-même j'étais devenu le complice de Cardillac ; ce n'était que dans l'amour de Madelon que j'oubliais ma peine profonde, ce n'était qu'auprès d'elle que je parvenais à effacer jusqu'à l'apparence de la douleur sans nom qui me dévorait. Si je travaillais avec le vieil orfèvre à l'atelier, je n'osais pas le regarder en face, à peine prononcer une parole, tant j'éprouvais de terreur auprès d'un homme effroyable qui pratiquait toutes les vertus d'un père tendre, d'un bon et honnête bourgeois, tandis que la nuit voilait tous ses forfaits. Madelon, cette fille pieuse et céleste, idolâtrait son père. Mon cœur saignait en songeant que si la vengeance des hommes atteignait ce scélérat sous son masque, celle qu'il avait abusée par son hypocrisie infernale succomberait infailliblement à son désespoir. Cette pensée seule m'eût fermé la bouche, eût-on dû me punir de mon silence par le supplice des scélérats. Bien que les discours de la maréchaussée m'en eussent beaucoup appris, les crimes de Cardillac, leur motif, la manière dont il les commettait, étaient une énigme pour moi. L'éclaircissement ne se fit pas longtemps attendre.

Un jour, Cardillac, qui se montrait toujours de bonne humeur en travaillant, qui riait et qui raillait (ce qui excitait encore plus mon horreur), parut sombre et abattu. Tout à coup, il jeta si violemment de côté les bijoux auxquels il travaillait, que les diamants et les perles tombèrent de toutes parts, et se levant brusquement il s'écria : — Olivier, cela ne peut durer ainsi plus longtemps entre nous ; ces relations me sont insupportables ! Ce secret que la finesse et la ruse n'ont pu faire découvrir à Desgrais et à ses gens, le hasard l'a mis dans tes mains. Tu m'as vu dans mes travaux nocturnes, auxquels me pousse ma mauvaise étoile, toute résistance est impossible. Ce fut aussi ta fatale étoile qui te poussa à me suivre, qui t'enveloppa d'un voile impénétrable, qui donna tant de légèreté à tes pas, qui te rendit si bien invisible, que moi, dont les yeux percent, comme ceux du tigre, la nuit la plus profonde, qui entends au loin dans les rues le plus léger bruit, jusqu'au bourdonnement d'un insecte, je n'ai pu te voir. Ta mauvaise étoile t'a conduit vers moi pour te faire mon compagnon. Placé comme tu l'es, tu ne peux plus songer à me trahir. Tu vas donc tout savoir.

— Jamais je ne serai ton complice, voulais-je m'écrier, mais la terreur qui s'était emparée de moi aux premiers mots de Cardillac m'avait suffoqué. Au lieu de ces paroles, je ne pus faire entendre qu'un son inarticulé. Cardillac se remit sur sa chaise de travail ; il essuya la sueur qui couvrait son front. Il semblait fortement ému des souvenirs du passé, et eut peine à se recueillir. Enfin il commença :

« Des hommes savants parlent beaucoup des impressions bizarres dont les femmes sont frappées durant leur grossesse et de l'influence que ces impressions exercent sur l'enfant qu'elles portaient dans leur sein. On m'a raconté une étrange histoire [1] qui arriva à ma mère. Dans les premiers mois de sa grossesse, elle assistait avec d'autres femmes à une fête brillante que la cour donnait à Trianon [2]. Ses regards tombèrent sur un cavalier vêtu à l'espagnole qui portait à son cou une chaîne de pierreries dont elle ne pouvait détourner les yeux. Tout son être s'embrasa d'un seul désir, celui de posséder cette chaîne qui lui semblait un objet surnaturel. Plusieurs années auparavant (ma mère n'était pas encore mariée alors), le même cavalier avait tenté de faire succomber sa vertu, mais elle l'avait repoussé avec horreur. Ma mère le reconnut ; mais en cet instant, au milieu de l'éclat de ses diamants, il lui semblait un être d'un ordre relevé, un modèle de beauté. Le cavalier remarqua les regards ardents et passionnés de ma mère ; il se flatta d'être plus heureux auprès d'elle, et fit plus encore, il réussit à l'entraîner loin de ses amies, dans un lieu retiré du parc. Là, il la serra avec ardeur dans ses bras ; ma mère porta involontairement les mains à la chaîne ; mais, au même moment, il tomba et entraîna ma mère qui tomba avec lui. Soit qu'il eût été subitement frappé d'un coup de sang, soit toute autre cause, bref, il était mort.

« En vain ma mère chercha-t-elle à se débarrasser de

---

1. Qui s'éloigne du cours ordinaire et naturel des choses.
2. Pavillon de chasse transformé en petit château « à la chinoise », dans le parc du château de Versailles, sur l'ordre de Louis XIV, qui ensuite chargea Mansart d'ériger un véritable palais en 1687, connu sous le nom de « Trianon de marbre » ou « Grand Trianon » (par opposition au « Petit Trianon », édifié par Gabriel sous Louis XV). On y donna des fêtes brillantes, qui se firent cependant de plus en plus rares sous l'influence grandissante de Mme de Maintenon, choquée par le luxe et les dépenses. Hoffmann prend ici beaucoup de liberté avec la chronologie. Si Cardillac est âgé de 50 ans cet épisode se situerait en effet en 1630, date à laquelle l'emplacement du château de Versailles était désert.

ces bras raidis par la mort qui la serraient étroitement, elle poussa des cris perçants, et enfin on accourut, à sa voix, la délivrer de cet effroyable amant. L'horreur qu'elle éprouva lui causa une longue maladie. On la regarda comme perdue, ainsi que moi ; cependant elle guérit, et l'accouchement fut plus heureux qu'on n'eût osé l'espérer. Mais l'effroi de ce terrible moment m'avait frappé. Ma mauvaise étoile s'était levée et avait lancé sur moi une étincelle qui a allumé en mon âme une des plus singulières et des plus funestes passions. Déjà, dès ma plus tendre enfance, je préférais à tous les diamants étincelants les bijoux d'or. On regarda cette manie comme un des nombreux penchants communs aux enfants ; mais il fallait en juger autrement, car étant devenu plus grand, je volais l'or et les bijoux partout où je pouvais les trouver. Je distinguais, par instinct, les faux bijoux des véritables, comme eût pu le faire le connaisseur le plus exercé. Ces derniers seuls excitaient ma convoitise, les autres, je n'y touchais pas, non plus qu'à l'or monnayé. Ce désir inné dut céder aux corrections cruelles que m'infligea mon père ; alors, pour manier à mon gré l'or et les pierres fines, je pris la profession de joaillier. Je travaillais avec passion, et bientôt je devins le premier maître dans cet art. Ici commence une période de ma vie, dans laquelle mon penchant natif, longtemps étouffé, triompha avec toute sa force, et grandit puissamment en dévorant tout ce qui s'opposait à son développement. Dès que j'avais achevé et livré une parure, je tombais dans une agitation, dans un désespoir qui me ravissaient le sommeil, la santé et toutes les joies de la vie. — Je voyais jour et nuit, comme un spectre, la personne pour qui j'avais travaillé. Elle était parée de mes bijoux, et une voix murmurait à mon oreille : Ils sont à toi ! — Ils sont à toi ! — Prends-les donc. Que servent les diamants aux morts ?...

« Je me mis alors à commettre des vols. J'avais accès aux maisons des grands seigneurs ; je profitais lestement de toutes les occasions ; aucune serrure ne résistait à mon habileté, et bientôt les diamants que j'avais montés se retrouvaient dans mes mains. Mais cela même ne calmait pas mon agitation. Cette voix fatale se faisait toujours entendre, elle raillait et s'écriait : — Oh ! oh ! la mort porte tes bijoux ! Je ne savais comment il se faisait que je ressentisse une haine incroyable contre mes pratiques, et dans le fond de mon cœur se soulevait contre eux une ardeur sanguinaire qui me faisait frissonner. Dans ce temps, j'achetai cette maison. J'étais d'accord sur le marché avec le propriétaire, nous étions assis dans cette chambre, nous réjouissant d'avoir terminé l'affaire, et nous buvions une bouteille de vin. La nuit était venue, je voulus me lever, lorsque l'ancien propriétaire me retint : — Écoutez, maître René, me dit-il, avant que nous nous quittions, il faut que je vous fasse connaître un secret de cette maison. A ces mots, il ouvrit une armoire pratiquée dans le mur, fit glisser le pan du fond, entra dans une petite chambre, se baissa et leva une trappe. Nous descendîmes un escalier raide et étroit, puis nous arrivâmes devant une petite porte qu'il ouvrit, et nous nous trouvâmes dans la cour. Le vieux propriétaire s'avança alors vers le mur, toucha un bouton de fer peu saillant, et bientôt une partie de la muraille se tourna de manière à donner commodément passage à un homme pour descendre dans la rue. Tu verras un jour cette invention, Olivier ; elle a sans doute été trouvée par les moines rusés qui habitaient le cloître élevé en ce lieu, et elle leur servait à sortir et à entrer furtivement. C'est une boiserie enduite en dehors de mortier et de chaux, dans laquelle on a placé une statue aussi de bois, mais parfaitement semblable à la pierre, et le tout se meut sur des gonds cachés. De sombres pensées s'élevèrent en moi à la vue de cet arrangement ; il me semblait préparé pour accomplir certaines choses que j'ignorais encore. Je venais de livrer à un seigneur de la cour une riche parure qui, je le savais, était destinée à une danseuse de l'Opéra. L'aspect de la mort ne me quitta pas, le spectre s'attachait à tous mes pas, la voix du démon ne cessait de retentir à mon oreille. Je m'établis dans la maison. Baigné de sueur, le sang bouillonnant, je m'agitais sans sommeil sur mon lit. Dans les visions que créait mon cerveau, j'aperçois le jeune seigneur se rendant secrètement, avec les diamants, chez la danseuse. Je m'élance hors de mon lit, plein de rage, je me couvre d'un manteau, je descends l'escalier secret, je franchis l'ouverture de la muraille, et je me trouve dans la rue Saint-Nicaise. Il vient ! je m'élance sur lui, il crie, mais le saisissant fortement par-derrière, je lui plonge un poignard dans le cœur. Les diamants sont à moi ! Cela fait, j'éprouve un calme, une douce sérénité de l'âme, telle que je n'en avais jamais ressenti. Le spectre avait disparu, la voix du démon avait cessé de murmurer. Je savais désormais ce que voulait ma mauvaise étoile, il fallait lui céder ou périr ! Maintenant, Olivier, tu comprends toute ma conduite, toutes mes actions ! Ne pense pas qu'en obéissant à une impulsion plus forte que ma volonté, j'aie renoncé à tous sentiments de compassion et d'humanité. Tu sais avec quelle peine je rends les diamants qu'on m'a confiés ; tu n'ignores pas que je refuse de travailler pour ceux dont je ne veux pas la mort ; souvent aussi, bien que je sache que le sang seul éloignera le lendemain mon fantôme, je me contente d'étourdir par un coup violent le possesseur des bijoux que je veux reprendre. »

— Après m'avoir parlé ainsi, Cardillac me conduisit dans un souterrain caché, et me permit de contempler ses trésors. Ceux du roi ne sont pas aussi riches. Sur chaque bijou était un petit billet où se trouvaient désignés le nom de la personne qui l'avait commandé et l'époque où il lui avait été repris par un vol ou par un assassinat.

— « Le jour de ton mariage, dit Cardillac d'une voix sourde et solennelle, tu me jureras, la main sur le crucifix, de réduire toutes ces richesses en poussière, dès que je serai mort, par un procédé que je t'indiquerai. Je ne veux pas qu'une créature humaine, et surtout toi et Madelon, vienne en possession d'un bien acheté au prix de tant de sang ! »

— Renfermé dans ce labyrinthe d'atrocités, déchiré d'amour et d'horreur, de bonheur et d'effroi, j'étais semblable au damné qu'un ange appelle par un doux sourire, tandis que Satan le retient dans ses griffes brûlantes, et pour qui ce sourire céleste, où se réfléchissent toutes les joies des cieux, est le plus affreux de ses tourments. — Je songeais à fuir, — à me tuer. — Mais Madelon !... Blâmez-moi, blâmez-moi, ma digne demoiselle, d'avoir été trop faible pour combattre une passion qui me liait au crime ; mais ne vais-je pas faire pénitence de ma faute par une mort infâme ?

Un jour, Cardillac revint à la maison plus gai que de coutume. Il caressa Madelon, il me lança des regards d'amitié, but à table une bouteille de bon vin, ce qu'il ne faisait qu'aux jours de grande fête, chanta, débita des histoires joviales. Madelon nous avait quittés : je voulus retourner à l'atelier. — « Reste là, mon garçon, dit Cardillac, plus de travail aujourd'hui. Buvons à la santé de la plus digne et de la plus excellente femme qui soit dans Paris. » — Après avoir trinqué avec lui, et qu'il eut vidé son plein verre, il ajouta : Dis-moi, Olivier, comment trouves-tu ces deux vers :

> Un amant qui craint les voleurs
> N'est point digne d'amour.

Alors il me raconta ce qui s'était passé dans les appartements de madame de Maintenon entre le roi et vous. Il assura qu'il vous avait toujours honorée par-dessus toutes les créatures humaines, et dit que vous étiez douée de si grandes vertus que la force de sa mauvaise étoile disparaissait devant votre influence, tellement qu'il vous verrait parée de ses plus beaux diamants sans concevoir en son âme l'idée d'un meurtre. — « Écoute, Olivier, me dit-il, sache quelle résolution j'ai prise. Depuis longtemps je devais faire un collier et des bracelets pour madame Henriette d'Angleterre, et fournir moi-même les diamants. Ce travail me réussit mieux qu'aucun autre ; mais mon cœur se déchirait lorsque je songeais qu'il fallait me séparer de cette parure que je chérissais tant. Tu connais la mort malheureuse de la princesse. Je gardai la parure, et je veux l'envoyer aujourd'hui à mademoiselle de Scudéry comme un hommage d'estime et de respect, au nom de toute la bande persécutée. Outre que ce sera un témoignage de son triomphe, je me moquerai ainsi de Desgrais et de ses archers qui le méritent bien. — C'est toi qui lui porteras ces diamants. » Dès que Cardillac eut prononcé votre nom, mademoiselle, il me sembla qu'un voile sombre tombait de mes yeux, et que la belle et lumineuse image de mon heureuse et première enfance se ranimait dans toutes ses vives et éclatantes couleurs. Une consolation merveilleuse vint dans mon âme ; c'était comme un rayon d'espoir devant lequel disparaissaient les sombres esprits de la nuit. Cardillac remarqua l'impression que produisaient sur moi ses paroles, et l'interpréta à sa manière.

— Mon projet te plaît, ce me semble, dit-il. Je conviens qu'une voix profonde de mon cœur, bien différente de celle qui me demande sans cesse du sang, m'a ordonné de faire ce que je fais. Quelquefois j'éprouve un sentiment singulier : une inquiétude intérieure, la crainte de quelque chose d'effroyable suspendu sur ma tête, me saisissent puissamment : il me semble même alors comme si les crimes que ma mauvaise étoile a exécutés par moi pourraient bien être imputés à mon âme immortelle, qui n'y a pris aucune part.

« C'est dans un de ces moments-là que je résolus de faire une belle couronne de diamants pour la bonne Vierge de l'église Saint-Eustache ; mais cette crainte incompréhensible dont je te parle me saisissait chaque fois que je voulais me mettre à l'ouvrage, et je laissai là ce travail. En ce moment, il me semble que je rends hommage à la vertu et à la piété, et que j'ai recours à une patronne puissante, en offrant à mademoiselle de Scudéry ces bijoux, les plus beaux que j'aie jamais montés. »

— Cardillac était parfaitement instruit de votre manière de vivre, mademoiselle ; il m'indiqua la manière de pénétrer chez vous, et l'heure d'aller vous remettre ces diamants, qu'il renferma dans une jolie cassette. J'étais ravi de bonheur, car le ciel lui-même m'avait montré, par le criminel Cardillac, le chemin pour me sauver de l'enfer où je me plongeais comme un misérable pécheur. C'était là ma pensée. Je voulais pénétrer jusqu'à vous, contre la volonté de Cardillac. — Je suis le fils d'Anne Brusson, son protégé, me disais-je, je me jetterai à ses pieds, et je lui avouerai tout. Touchée du malheur inouï qui eût menacé la pauvre et inno-

cente Madelon, si le mystère eût été dévoilé, vous eussiez gardé le secret ; mais votre esprit élevé et pénétrant eût certainement trouvé moyen de réduire la scélératesse de Cardillac à l'impuissance, sans avoir recours à un éclat. Ne me demandez pas en quoi devaient consister ces moyens, je l'ignore, mais que vous deviez me sauver ainsi que Madelon, c'était une croyance aussi fermement établie en mon âme que ma foi en la bienheureuse Vierge dont j'attends les secours et la consolation.
— Vous savez, mademoiselle, que dans cette nuit-là mon projet échoua. Je ne perdis pas l'espoir d'être plus heureux une autre fois ; mais tout à coup, Cardillac perdit toute sa bonne humeur. Il errait tristement dans sa maison, regardait fixement devant lui, murmurait des paroles inintelligibles, étendait la main comme pour éloigner un ennemi, enfin son esprit semblait tourmenté de sinistres pensées. Il venait de passer toute une matinée de la sorte, lorsqu'il s'assit à sa table de travail, se releva d'un air découragé, regarda à travers la fenêtre, et dit d'une voix sourde : — Je voudrais pourtant que madame Henriette d'Angleterre eût porté mes diamants !

Ces paroles me remplirent d'horreur. Je compris alors que son esprit était de nouveau sous la puissance du spectre qui l'obsédait, et que la voix du démon retentissait de nouveau à ses oreilles. Je vis vos jours menacés par cet effroyable scélérat ; je pensai que vous seriez sauvée, s'il rentrait en possession de ses diamants. Le danger croissait à chaque instant. Je vous rencontrai en passant sur le Pont-Neuf, je me fis passage[1] jusqu'à votre carrosse, et je vous jetai ce billet par lequel je vous suppliais de remettre les pierreries dans les mains de Cardillac. Mon inquiétude alla jusqu'au désespoir lors-

---

1. Je me frayai un chemin.

que, le lendemain, Cardillac ne parla d'autre chose que de cette précieuse parure qui avait brillé à ses yeux durant toute la nuit. Je fus bientôt convaincu qu'il méditait un assassinat ; peut-être songeait-il à l'exécuter cette nuit même. Je devais vous sauver, dût-il en coûter la vie à Cardillac. Dès qu'il se fut renfermé selon sa coutume, après la prière du soir, je descendis par une croisée[1] dans la cour, et, passant par l'ouverture de la muraille, j'allai me placer non loin de là, dans un angle obscur. Peu de moments s'étaient écoulés lorsque Cardillac parut et se glissa doucement le long de la rue ; moi, toujours derrière lui. Il se dirigea vers la rue Saint-Honoré : le cœur me battait bien fort. Tout à coup, Cardillac disparaît. Je prends aussitôt la résolution de me placer devant la porte de votre maison. Alors, comme je l'avais déjà vu une fois lorsque le hasard me rendit témoin d'un assassinat commis par Cardillac, s'avance en chantonnant un officier qui passe devant moi sans m'apercevoir ; mais, au même instant, une longue figure noire s'élance sur lui : C'est Cardillac ! Je veux empêcher ce meurtre ; en deux bonds je me trouve près de l'assassin. Ce n'est pas l'officier, c'est Cardillac qui vient de tomber sur le pavé en gémissant. L'officier jette son poignard, tire son épée du fourreau, se met en défense, me prenant sans doute pour un complice du meurtrier, mais il s'échappe en voyant que je me jette sur le mourant pour le secourir.

Cardillac vivait encore ; je le pris sur mes épaules, après avoir ramassé le poignard que l'officier avait laissé tomber, et je l'emporte à grand-peine jusque dans l'atelier, par le passage secret. — Le reste vous est connu.

— Vous voyez, mademoiselle, que mon crime est de

---

1. Châssis vitré qui sert à fermer une fenêtre. D'où, par extension, « fenêtre ».

n'avoir pas dénoncé le père de Madelon. Je ne me suis pas souillé de sang. Aucune torture ne m'arrachera le secret des crimes de Cardillac. Je ne veux pas agir contre les décrets de la Providence, qui a voilé la scélératesse de René aux yeux de sa fille ; je ne veux pas que par moi elle voie déterrer le cadavre de son père, et le bourreau marquer d'un fer brûlant ses ossements desséchés. — Non ! ma bien-aimée pleurera celui qui tombe innocent, le temps adoucira sa douleur, mais le désespoir que lui causeraient les crimes abominables de son père serait éternel.

Olivier se tut, mais un torrent de larmes s'échappa de ses yeux, il se jeta aux pieds de mademoiselle de Scudéry en disant : — Vous êtes convaincue de mon innocence. Oh ! certainement, vous en êtes convaincue ! Ayez pitié de moi, et dites-moi ce qu'est devenue Madelon.

Mademoiselle de Scudéry appela la Martinière, et quelques instants après, Madelon accourut se jeter dans les bras d'Olivier.

— Tout est bien maintenant, puisque te voilà. Je savais bien que cette excellente dame te sauverait ! Ainsi s'écria à plusieurs reprises Madelon ; et Olivier, oubliant le sort qui le menaçait, était libre et heureux. Ils se plaignirent tous deux de la façon la plus touchante de ce qu'ils avaient souffert l'un pour l'autre, et ils s'embrassèrent alors de nouveau, et ils pleurèrent de ravissement de s'être retrouvés.

Si déjà mademoiselle de Scudéry n'eût été convaincue de l'innocence d'Olivier, elle eût acquis cette conviction en les voyant tous deux, oubliant, dans la félicité de leur amour, et le monde, et leur misère et leurs douleurs inouïes.

Les rayons du jour pénétrèrent à travers les croisées.

Desgrais frappa doucement à la porte de la chambre, et rappela qu'il était temps d'emmener Brusson. On se peint facilement le désespoir de Madelon en apprenant l'affreuse vérité. Enfin on les sépara, et Desgrais emmena son prisonnier.

VII

Les sombres pressentiments auxquels mademoiselle de Scudéry s'était livrée depuis la première venue d'Olivier dans sa maison, s'étaient réalisés d'une manière terrible. Elle voyait le fils de sa chère Anne enveloppé dans une accusation d'assassinat, et presque certainement dévoué à [1] une mort infâme, malgré son innocence. Elle honorait la résolution héroïque du jeune homme qui consentait à mourir, chargé d'un crime, plutôt que de dévoiler un secret qui eût donné la mort à Madelon. Elle ne voyait pas la moindre possibilité d'arracher le pauvre enfant au tribunal de sang, et cependant elle avait bien résolu dans son cœur de ne reculer devant aucun sacrifice pour détourner cette criante iniquité qu'on était sur le point de commettre. Elle se tourmentait de mille plans et de mille projets qui allaient jusqu'à l'extravagance, et qu'elle rejetait l'un après l'autre dès qu'elle les avait conçus. Peu à peu, toutes ses lueurs d'espérance s'éteignirent, et le désespoir s'empara d'elle. Mais la confiance enfantine, la pieuse candeur de Madelon, la foi presque religieuse avec laquelle elle parlait de son bien-aimé, qu'elle devait bientôt embrasser et retrouver absous du crime qu'on lui imputait, tout cela fit rentrer

---

1. Forme utilisée jusqu'au XIXe siècle (Chateaubriand) pour : voué à, promis à.

le courage dans l'âme de mademoiselle de Scudéry, et elle s'éleva au niveau de l'exaltation de la jeune fille.

D'abord, mademoiselle de Scudéry écrivit une longue lettre à La Reynie, elle disait au président qu'Olivier Brusson lui avait prouvé son innocence de la manière la plus claire, et que l'héroïque résolution d'emporter au tombeau un secret dont la découverte atteindrait l'innocence et la vertu même, le retenait de faire au tribunal un aveu qui le justifierait, non pas seulement de la mort de Cardillac, mais même du soupçon d'avoir appartenu à la bande des assassins. Tout ce qu'un zèle ardent, tout ce que l'éloquence du cœur ont de forces, elle les employa pour toucher l'âme impitoyable de La Reynie. La Reynie répondit, quelques heures après, qu'il se réjouissait grandement de ce qu'Olivier Brusson se fût si complètement justifié auprès de sa digne protectrice. Quant à l'héroïque résolution qu'il avait prise d'emporter au tombeau un secret relatif au meurtre, il était fâché que la chambre ardente ne pût l'honorer, que son devoir était au contraire de briser, par les moyens les plus violents, les héroïsmes de ce genre. Il espérait en trois jours être en possession de ce secret merveilleux, qui mettrait vraisemblablement au jour des miracles.

Mademoiselle de Scudéry ne comprit que trop bien ce que le terrible La Reynie voulait dire en parlant des moyens violents qui devaient briser l'héroïsme de Brusson. Il était bien évident que la torture attendait ce malheureux. Dans son effroi, elle imagina que les conseils d'un jurisconsulte éclairé pourraient faire au moins obtenir quelque délai. Pierre-Arnaud d'Andilly était alors un des plus célèbres avocats de Paris. Sa science profonde, son intelligence étendue, égalaient sa probité et sa vertu. Mademoiselle de Scudéry se rendit auprès de lui, et lui dit tout ce qu'elle put dire sans dévoiler le secret d'Olivier. Elle pensait que d'Andilly allait prendre avec chaleur le parti de l'innocent ; mais son espoir fut amèrement déçu. D'Andilly l'avait écoutée fort attentivement ; il répondit, en souriant, par ces paroles de Boileau :

Le vrai peut quelquefois n'être pas vraisemblable[1].

Il démontra à mademoiselle de Scudéry que les présomptions les plus fortes planaient sur Olivier, que la conduite de La Reynie n'était ni cruelle ni précipitée, mais toute juridique, et qu'il ne pouvait agir autrement sans manquer aux devoirs d'un juge. Lui, d'Andilly, n'espérait pas pouvoir sauver Olivier de la torture. Brusson seul pouvait l'éviter en avouant sincèrement son crime, ou du moins en racontant exactement tous les détails de la mort de Cardillac, ce qui devait entraîner de nouvelles recherches. — Alors, dit mademoiselle de Scudéry hors d'elle-même et presque étouffée par ses larmes, j'irai me jeter aux genoux du roi et lui demander grâce. — Au nom du ciel, n'en faites rien, mademoiselle ! s'écria d'Andilly. Ménagez cette dernière ressource, qui une fois manquée, sera perdue pour toujours. Le roi ne fera jamais grâce à un criminel de ce genre ; les reproches du peuple irrité l'atteindraient jusque sur son trône. Il est possible que Brusson, en découvrant son secret, trouve moyen d'affaiblir les soupçons qui s'élèvent contre lui. Alors il sera temps de recourir à la clémence du roi, qui ne s'informera pas de ce qu'on aura prouvé devant le tribunal, mais qui ne consultera que sa

---

[1]. Boileau, *Art poétique*, chant III, vers 48 : « Jamais au spectateur n'offrez rien d'incroyable : Le vrai peut quelquefois n'être pas vraisemblable. » (Ce vers est en français dans le conte d'Hoffmann.)

Cette théorie de Boileau était en accord avec la tragédie de Racine, mais en désaccord avec celle de Corneille.

conviction. Mademoiselle de Scudéry dut céder à l'expérience consommée d'Andilly. Plongée dans un chagrin profond, pensant et pensant encore à quel saint elle pourrait recourir pour sauver le malheureux Brusson, elle était un soir fort tard dans son appartement, lorsque la Martinière entra et annonça le comte de Miossens, colonel de la garde du roi, qui demandait avec instances à parler à mademoiselle de Scudéry. — Pardonnez-moi, mademoiselle, dit Miossens en faisant un salut militaire [1]. Je viens vous déranger un peu tard, et à une heure inaccoutumée. Nous autres soldats, nous ne choisissons pas nos moments de loisir, et en deux mots, vous saurez mon excuse. Olivier Brusson m'amène vers vous.

Mademoiselle de Scudéry était dans une attente extrême. — Olivier Brusson ! le plus malheureux des hommes ! Qu'avez-vous de commun avec lui ? — Je savais bien, dit Miossens en souriant, que le nom de votre protégé suffirait pour me procurer un accueil favorable. Tout le monde est convaincu du crime de Brusson. Je sais que vous avez une autre opinion ; vous la devez, m'a-t-on dit, aux assurances de l'accusé lui-même. Quant à moi, il n'en est pas ainsi. Personne ne peut être mieux convaincu que moi de son innocence, et plus certain que je ne le suis qu'il n'a pris aucune part au meurtre de Cardillac. — Parlez ! oh ! parlez ! s'écrie mademoiselle de Scudéry, dont les yeux brillaient de ravissement. — C'est moi, dit Miossens, qui frappai le vieil orfèvre dans la rue Saint-Honoré, tout près de votre maison. — Vous ! au nom de tous les saints, vous ! — Et je vous jure, mademoiselle, que je suis fier de ce que j'ai fait, reprit Miossens : sachez que Cardillac était le

---

[1]. Au lieu de se découvrir devant une dame, il fait le salut que tout militaire doit à son supérieur.

scélérat hypocrite qui assassinait au milieu de la nuit, et qui a échappé si longtemps à tous les pièges. Je ne sais comment un soupçon s'éleva en moi contre ce vieux coquin, lorsqu'il vint, dans un trouble visible, m'apporter les bijoux que je lui avais commandés, et lorsqu'il s'informa exactement de la personne à qui je les destinais ; questionnant avec adresse mon valet de chambre pour savoir l'heure où je rendais ordinairement visite à une certaine dame. Depuis longtemps, j'avais été frappé de l'idée que les malheureuses victimes de ces brigands portaient toutes la même blessure. J'étais convaincu que le meurtrier s'était longtemps exercé à porter ce coup qui tuait sur-le-champ, et qu'il comptait sur son habileté. S'il le manquait, le combat devenait égal. Cette pensée me fit employer une précaution si simple que je ne conçois pas qu'elle n'ait pas été prise par d'autres avant moi. Je portai une légère cuirasse sous mon pourpoint. Cardillac m'attaqua par-derrière. Il me saisit avec une force extraordinaire, mais le coup, porté avec assurance, glissa sur le fer. Au même moment, je me débarrassai de ses mains, et je lui plongeai dans le sein un poignard dont je m'étais muni.

— Et vous gardez le silence, dit mademoiselle de Scudéry, vous ne déclarez pas aux tribunaux ce qui est arrivé ?

— Permettez-moi, mademoiselle, de vous faire observer qu'une telle déclaration pourrait entraîner, sinon ma ruine, du moins le procès le plus fâcheux pour moi. La Reynie, qui flaire partout des crimes, m'eût-il accordé croyance si j'avais accusé l'honnête Cardillac, ce modèle de piété et de vertu, comme l'assassin qu'on cherchait partout ? La pointe de l'épée de la justice aurait fort bien pu se tourner contre moi !

— Cela n'est pas possible, dit mademoiselle de Scudéry. Votre naissance, votre rang...

— Oh ! reprit Miossens, pensez au maréchal de Luxembourg que l'idée de se faire dire la bonne aventure par la Voisin a conduit à la Bastille sous le poids d'une accusation d'empoisonnement. Non, par saint Denis [1] ! je ne mettrais pas une heure de ma liberté, ni le bout de mes oreilles, dans les mains de cet enragé La Reynie, qui nous porterait volontiers son couteau sous la gorge, à tous !

— Mais, de la sorte, vous conduirez l'innocent Brusson à l'échafaud ?

— Innocent, mademoiselle ! répondit Miossens. Nommez-vous innocent l'infâme complice de Cardillac, celui qui l'assistait dans tous ses crimes, celui qui a mérité tant de fois la mort ? Non, celui-là doit périr aussi, et si je vous ai découvert le véritable état des choses, c'est avec la pensée que vous en tirerez parti pour votre protégé, quel qu'il soit, sans me nuire auprès de la chambre ardente.

Mademoiselle de Scudéry, ravie de voir se confirmer d'une manière décisive le récit d'Olivier, n'hésita pas à tout révéler au comte, qui connaissait déjà les crimes de Cardillac, et elle le sollicita de se rendre avec elle auprès de d'Andilly.

D'Andilly se fit répéter plusieurs fois l'aventure du comte ; il lui demanda surtout s'il était bien convaincu d'avoir été attaqué par Cardillac, et s'il reconnaîtrait Olivier Brusson pour celui qui avait emporté le cadavre.

— Outre que je reconnus fort bien le joaillier à la clarté de la lune, répondit Miossens, j'ai vu chez La Reynie le poignard avec lequel Cardillac avait été frappé ;

---
1. Juron propre aux rois de France. Voir aussi p. 110.

c'est le mien, il est remarquable par le travail curieux de la poignée. Je ne me trouvais qu'à un pas du jeune homme dont le chapeau était tombé, et je le reconnaîtrais facilement.

D'Andilly regarda quelques moments devant lui en silence, et dit enfin : — Il ne faut pas songer à sauver Brusson des mains de la justice par les voies ordinaires. Il ne veut pas dénoncer Cardillac, à cause de Madelon. Il peut persister, car, alors même qu'il réussirait à prouver les crimes de son maître, par la découverte du passage secret et par les trésors amassés dans sa maison, la mort ne l'atteindrait pas moins comme complice. La même circonstance se reproduit si M. le comte dévoile aux juges son aventure avec Cardillac telle qu'elle se passa. Un sursis est la seule chose que nous devons tâcher d'obtenir, puis nous verrons. Que M. le comte se rende à la Conciergerie, qu'il se fasse montrer Olivier Brusson, et qu'il le reconnaisse pour celui qui a emporté le cadavre de Cardillac. Il ira chez La Reynie, et lui dira : J'ai vu assassiner un homme dans la rue Saint-Honoré, je me trouvais tout près du cadavre lorsqu'un autre homme accourut, se baissa pour voir si le blessé respirait encore et l'emporta sur ses épaules ; j'ai reconnu cet homme dans Olivier Brusson. Cette déclaration nécessitera un nouvel interrogatoire, une confrontation avec M. le comte ; bref, la question sera suspendue et l'on procédera à de nouvelles enquêtes. Alors il sera temps de s'adresser au roi. Je laisse à votre sagacité, mademoiselle, le soin de le faire de la manière la plus convenable. A mon sens, il serait bien de tout conter au roi. Les aveux de Brusson se trouveront confirmés par la déclaration de M. le comte de Miossens, par les recherches secrètes qu'on fera dans la maison de Cardillac ; et la décision du roi, fondée sur une conviction inté-

« Ne ressemble-t-elle pas trait pour trait à Mademoiselle de La Vallière ? » (chapitre VIII).

Photo Roger-Viollet.

rieure, peut faire grâce là où un juge doit punir. — Le comte suivit exactement les conseils de d'Andilly, les choses se passèrent ainsi que les avait prévues le prudent[1] avocat.

VIII

Il s'agissait alors de s'adresser au roi, et c'était le point le plus difficile, car il avait témoigné tant d'horreur pour Brusson, regardé comme l'unique assassin qui avait si longtemps répandu l'effroi dans Paris, que le moindre mot relatif à ce fameux procès le jetait dans une violente colère. Madame de Maintenon, fidèle au principe qu'elle suivait de ne jamais parler au roi de choses désagréables, rejeta toute médiation : ainsi la destinée de Brusson reposait tout entière dans les mains de mademoiselle de Scudéry. Elle conçut enfin un projet qu'elle exécuta sur-le-champ. Elle s'habilla d'une longue robe de soie noire, se para des précieux bijoux de Cardillac, et se présenta dans les appartements de madame de Maintenon à l'heure où le roi s'y trouvait. Le noble maintien de la vénérable demoiselle avait, dans cet habillement solennel, une majesté qui suscita le respect, même dans ce peuple léger qui encombrait les antichambres royales. Tous les courtisans lui firent place, et le roi lui-même s'avança vers elle. Les diamants précieux qu'elle portait attirèrent ses regards, et il ne put s'empêcher de dire : Vraiment, ce sont les bijoux de Cardillac ! Et se penchant vers madame de Maintenon, il ajouta en souriant agréablement : — Voyez donc, madame la marquise, notre fiancée porte le deuil de son époux.

— Eh ! sire, dit mademoiselle de Scudéry comme en

---

1. Sage, prévoyant.

continuant cette plaisanterie[1], conviendrait-il à une veuve affligée de se parer avec tant d'éclat ? Non, je me suis entièrement dégagée du joaillier, et je ne penserais plus à lui si l'affreuse image de son corps assassiné, qu'on emporta devant moi, ne se présentait, quelquefois à mes yeux.

— Quoi ! dit le roi, vous l'avez vu, ce pauvre diable ?

Mademoiselle de Scudéry raconta alors brièvement (sans faire encore mention de Brusson), comment le hasard l'avait conduite devant la maison de Brusson lorsque le meurtre fut découvert. Elle peignit la douleur violente de Madelon, la profonde impression que cette jeune fille avait produite sur elle, et comment elle l'avait arrachée des mains de Desgrais, aux applaudissements du peuple. Elle retraça avec un intérêt toujours croissant les scènes qui s'étaient passées avec La Reynie, avec Desgrais, avec Olivier Brusson lui-même. Le roi, entraîné par la vivacité des couleurs qui brillaient dans le discours de mademoiselle de Scudéry, ne s'aperçut pas qu'il était question de l'odieux procès de Brusson, il pouvait à peine proférer une parole, et l'émotion de son âme ne se faisait jour de temps en temps que par une exclamation involontaire. Avant qu'il fût[2] revenu à lui-même, lorsqu'il était encore sous l'impression de cette aventure inouïe, mademoiselle de Scudéry tomba à ses pieds et lui demanda grâce pour Olivier.

— Que faites-vous, mademoiselle ? s'écria le roi en se débarrassant de ses mains et en la forçant de se relever. Vous me surprenez étrangement ! C'est là une épou-

---

1. Signalons que cette plaisanterie a commencé p. 48.
2. Avant qu'il *ne* fût... Le *ne* explétif est facultatif et ne relève pas de la langue classique.

vantable histoire ! Qui me répond de la vérité de l'aventure romanesque de Brusson ?

— La déposition de Miossens, les recherches qu'on fera dans la maison de Cardillac, votre conviction, sire ! Hélas ! et le cœur vertueux de Madelon, qui a trouvé la même vertu dans le malheureux Brusson !

Le roi se disposait à répondre, mais il aperçut Louvois, qui travaillait dans une chambre voisine et qui s'était avancé dans le salon en le regardant d'un air soucieux. Le roi se leva et passa avec Louvois dans l'autre chambre. Mademoiselle de Scudéry et madame de Maintenon regardèrent cette interruption comme très fâcheuse, car le roi pouvait se garder de se laisser surprendre de nouveau. Mais, après quelques instants, le roi reparut, il marcha quelque temps dans la chambre, les mains derrière le dos, et s'arrêtant devant mademoiselle de Scudéry, il lui dit d'une voix douce, mais sans la regarder : Je voudrais bien voir votre Madelon.

— Ah, Sire ! de quel bonheur vous comblez la pauvre, la malheureuse enfant ! Il ne faut qu'un signe de Votre Majesté pour que vous la voyiez à vos pieds.

Trottant alors, aussi vite qu'elle put, vers la porte, la vieille demoiselle alla dire que le roi demandait à voir Madelon Cardillac, et revint en pleurant de joie et d'attendrissement. Mademoiselle de Scudéry avait pressenti cette faveur, et avait amené avec elle Madelon, qui attendait chez la femme de chambre de la marquise en tenant dans ses mains une supplique rédigée par d'Andilly. En peu de moments elle se trouva aux pieds du roi, mais hors d'état de proférer une parole. L'effroi, la surprise, le respect, les craintes de l'amour faisaient circuler avec violence le sang dans les veines de la pauvre fille ; ses joues étaient couvertes d'une pourpre brûlante, ses yeux brillaient de larmes qui tombaient une à une le long de ses paupières de soie sur son sein blanc et gracieux. Le roi parut touché de la beauté de cet enfant angélique. Il la releva doucement, et fit un mouvement comme pour la baiser au front ; mais il laissa retomber sa main qu'il avait prise et la regarda d'un air ému.

Madame de Maintenon dit à voix basse à mademoiselle de Scudéry : Ne ressemble-t-elle pas, trait pour trait, à mademoiselle de La Vallière, cette petite créature ? Le roi s'est livré aux plus doux souvenirs. Vous avez partie gagnée.

Bien que ces paroles eussent été dites à voix basse, le roi sembla les avoir entendues. Une profonde rougeur couvrit son front, il lança un regard à madame de Maintenon, lut la supplique que Madelon avait remise, et dit avec bonté : — Je veux bien croire, ma chère enfant, que tu es convaincue de l'innocence de ton amant, mais il faut que nous entendions ce qu'en dit la chambre ardente ! Et, d'un léger mouvement de la main, il congédia la petite, prête à fondre en larmes.

Mademoiselle de Scudéry s'était aperçue, à son effroi, que le souvenir de mademoiselle de La Vallière, d'abord favorable à cette jeune fille, s'était changé en une impression fâcheuse dès que madame de Maintenon avait prononcé ce nom. Le roi se sentit averti, sans doute d'une façon peut délicate, qu'il était sur le point de sacrifier la justice à la beauté, ou bien lui arriva-t-il comme au dormeur qui voit évanouir à la voix brusque qui le réveille le doux fantôme qu'il allait saisir ; peut-être aussi ne vit-il plus devant lui sa charmante La Vallière, et ne songea-t-il plus qu'à la sœur Louise de la Miséricorde qui le tourmentait de ses dévots scrupules et de sa pénitence.

Cependant la déposition du comte Miossens devant la chambre ardente était connue ; et comme il arrive souvent que le peuple passe d'un extrême à l'autre, celui qu'on maudissait comme un abominable assassin, et qu'on menaçait de déchirer, même avant qu'il montât[1] sur l'échafaud[2], excita la compassion générale, comme la victime innocente d'un tribunal barbare. Les voisins de la maison de Cardillac se souvinrent alors de l'honnêteté de sa conduite, de son amour pour Madelon, et du dévouement sans égal qu'il avait toujours témoigné au vieux joaillier. — Des bandes de peuple s'assemblaient souvent devant l'hôtel de La Reynie et criaient d'une voix menaçante : Rendez-nous Brusson ! il est innocent ! On en vint même à lancer des pierres contre les fenêtres, et La Reynie se vit contraint de requérir la protection de la maréchaussée contre la populace irritée.

Plusieurs jours se passèrent, et mademoiselle de Scudéry n'apprit pas la moindre particularité du procès d'Olivier Brusson. Elle se présenta, fort affligée, chez madame de Maintenon, qui lui assura que le roi gardait le silence sur cette affaire ; elle ajouta qu'il ne serait pas prudent de la lui rappeler. Puis elle lui demanda, en souriant singulièrement, ce qu'était devenue sa petite La Vallière. — Mademoiselle de Scudéry ne put douter que cette femme orgueilleuse ne s'inquiétât secrètement d'une circonstance qui pouvait ramener le roi, si facile à séduire, dans une région dont elle n'avait jamais compris les enchantements. Il n'y avait donc rien à espérer de madame de Maintenon.

Mademoiselle de Scudéry parvint enfin à découvrir, à l'aide d'Arnaud d'Andilly, que le roi avait eu un entre-

---

1. ... avant qu'il *ne* montât... Voir la note, p. 105.
2. Plancher élevé pour l'exposition ou l'exécution (pendaison ou décollation) des criminels. *Échafaud* n'était pas alors synonyme de *guillotine*.

tien secret avec le comte Miossens, que Bontemps, valet de chambre du roi et son homme d'affaires, s'était rendu à la Conciergerie pour parler avec Brusson, et que, dans la nuit, ce même Bontemps avait pénétré avec plusieurs personnes dans la maison de Cardillac, où il était resté quelque temps. Claude Patru, qui habitait le plus bas étage, assurait qu'il avait entendu pendant toute la nuit des voix au-dessus de sa tête, et qu'Olivier se trouvait certainement parmi ces gens-là, car il l'avait entendu parler. Il était donc certain que le roi voulait connaître l'affaire par lui-même. Cependant le retard qu'elle éprouvait était inexplicable. La Reynie faisait sans doute tous ses efforts pour retenir entre ses dents la victime qu'on voulait lui arracher : cette crainte étouffait toutes les espérances.

Un mois plus tard, madame de Maintenon fit dire à mademoiselle de Scudéry que le roi voulait la voir le soir même.

Le cœur battit bien fort à la pauvre demoiselle ; elle savait que le sort de Brusson allait être décidé. Elle dit à Madelon de prier la Vierge et tous les saints de faire naître dans l'âme du roi la conviction de l'innocence d'Olivier.

Et cependant le roi semblait avoir oublié toute cette affaire, car il s'entretint agréablement, comme il le faisait d'ordinaire, avec madame de Maintenon et mademoiselle de Scudéry, et ne prononça pas une syllabe qui eût rapport au malheureux Olivier. Enfin parut Bontemps, il s'approcha du roi, et lui dit bas à l'oreille quelques paroles que les deux dames ne purent entendre. — Mademoiselle de Scudéry frissonna. Le roi s'approcha de mademoiselle de Scudéry, et lui dit : Soyez heureuse, mademoiselle ! votre protégé, Olivier Brusson, est libre !

Mademoiselle de Scudéry fondit en larmes et voulut

se jeter aux genoux du roi, mais il la retint en disant :
— Allez, allez, mademoiselle, vous devriez vous faire avocat au parlement et plaider mes affaires : car, par saint Denis [1] ! personne ne pourrait résister à votre éloquence. — Mais, ajouta-t-il sévèrement, celui-là même que la vertu défend n'est pas toujours à l'abri des fâcheux soupçons et de la chambre ardente.

Mademoiselle de Scudéry ne trouva pas de paroles pour exprimer sa reconnaissance. Le roi l'interrompit en lui disant que des remerciements bien plus vifs que ceux qu'il espérait d'elle l'attendaient dans sa maison, où, dans ce moment, l'heureux Olivier embrassait sa Madelon.

— Bontemps vous comptera mille louis que vous remettrez en mon nom à la petite pour son présent de noces, dit-il enfin ; qu'elle épouse son Brusson, qui ne mérite pas ce bonheur, mais qu'ils s'éloignent à l'instant de Paris. Telle est ma volonté.

La Martinière vint au-devant de mademoiselle de Scudéry ; elle était suivie de Baptiste. Tous deux lui crièrent : Il est ici ! il est libre ! Oh ! les pauvres jeunes gens ! L'heureux couple tomba aux pieds de mademoiselle de Scudéry.

— Oh ! je l'avais bien pressenti que vous, vous seule, sauveriez Olivier ! s'écria Madelon. Et ils arrosèrent de leurs larmes les mains de la bonne demoiselle, en jurant que ce moment effaçait toutes leurs douleurs passées. Ils furent unis quelques jours après, et, aussitôt après leur mariage, ils partirent suivis des vœux de mademoiselle de Scudéry, pour Genève, où la dot de Madelon, augmentée par l'habileté d'Olivier, leur procura une douce tranquillité.

---

1. Voir la note p. 101.

« Le reste échut au trésor de l'église de Saint-Eustache » (fin du chapitre VIII).

Musée Carnavalet. Photo Bulloz.

Un an s'était écoulé depuis le départ de Brusson lorsqu'un avis signé par Harlay de Champvallon, archevêque de Paris, et par Pierre-Arnaud d'Andilly, avocat au parlement, fit connaître qu'un pécheur venait de remettre à l'église, sous le sceau de la confession, un trésor composé de bijoux et de diamants volés. Tous ceux qui avaient été dépouillés d'objets précieux et particulièrement attaqués en pleine rue, jusqu'à la fin de l'année 1680, pouvaient réclamer leur bien chez d'Andilly, en décrivant les joyaux. — Un grand nombre de personnes désignées sur la liste de Cardillac comme n'ayant pas été assassinées se présentèrent chez l'avocat, et retrouvèrent, à leur grande surprise, les diamants qui leur avaient été volés. Le reste échut au trésor de l'église de Saint-Eustache.

NOTICES SUR LES PERSONNAGES HISTORIQUES DU ROMAN

*L'astérisque indique que le nom fait
l'objet d'une notice.*

Argenson (d') : Marc René de Voyer, marquis d'Argenson (1652-1721), issu d'une très vieille famille de Paulmy, en Touraine, avocat au Parlement de Paris en 1669, fut nommé lieutenant général de police en 1697 (donc postérieurement à notre récit), en remplacement de Nicolas de La Reynie*. Il demeura à ce poste pendant vingt ans. Il fit régner l'ordre dans la capitale, développa l'usage des lettres de cachet ainsi que la police politique. En 1709, il eut un rôle fort actif dans la destruction de Port-Royal.

Arnaud (ou Arnauld) d'Andilly : il n'y a pas trace d'un Pierre Arnaud d'Andilly, avocat en 1680. En revanche, l'un des ancêtres de la famille, Antoine Arnaud (1560-1619) était surnommé « l'Avocat ». C'est probablement de là que vient l'idée (ou la confusion) d'Hoffmann. Originaire d'Auvergne, la famille d'Arnau(l)d jouissait d'une position sociale éminente. Elle eut un rôle de premier plan dans l'histoire religieuse du XVIIe siècle. Famille de robe, les Arnau(l)d comptèrent plusieurs avocats illustres, dont Antoine Arnaud (1560-1619), le père du Grand Arnaud. Robert Arnaud (1589-1674) exerça d'importantes fonctions administratives, puis se retira vers 1640 à Port-Royal, où il traduisit notamment les *Confessions* de saint Augustin et les *Vies* des Pères de l'Église. Le théologien Antoine Arnaud (1612-1694), dit le Grand Arnaud, fut non seulement le chef du parti janséniste et l'irréconciliable adversaire des jésuites mais il apporta une contribution décisive à l'essor de la logique et de la philosophie du langage. Sa nièce Angélique (1624-1684), en religion Mère Angélique de Saint Jean, fut l'âme de la résistance au pouvoir.

A l'époque où Hoffmann situe son récit, les persécutions exercées contre les jansénistes connaissaient un temps d'accalmie.

Boileau-Despréaux : Nicolas Boileau-Despréaux (1636-1711), à la fois poète, critique et théoricien de l'art classique, avait été nommé historiographe du Roi (avec Racine) en 1677.

Bontemps : les Bontemps représentent une lignée de fidèles valets de chambre du Roi. Le premier valet de chambre, homme de confiance de Louis XIV, intendant de Versailles et capitaine des chasses, fut Alexandre Bontemps (1626-1701) dont il est question dans le récit d'Hoffmann. Louis XIV lui offrit de nombreuses gratifications et des cadeaux prestigieux.

Bonzy : le cardinal Pierre de Bonzi (1631-1703), originaire de Florence, archevêque de Toulouse, puis de Narbonne et, à ce titre, président des États du Languedoc, fut un diplomate averti, très apprécié par Louis XIV, et grand aumônier de la reine Marie-Thérèse. L'intendant

Basville, protégé de Mme de Maintenon*, et qui jalousait l'influence politique de Bonzi, attaqua la vie privée du cardinal et entreprit de ruiner son crédit à la cour.

Bouillon : Marie-Anne Mancini (1646-1714), sœur de la comtesse de Soissons* et nièce du cardinal Mazarin, mariée avec Godefroy-Maurice duc de Bouillon (1642-1721), pair de France. Godefroy-Maurice de Bouillon occupait avec son frère, Emmanuel-Théodose, cardinal en 1668, à l'âge de 26 ans, de très importantes charges auliques. En sa qualité de grand chambellan, il avait en permanence accès auprès de la personne royale. Marie-Anne Mancini avait un goût prononcé pour les arts et les lettres. Elle fut compromise dans « l'affaire des poisons » mais parvint à faire admettre son innocence devant la « chambre ardente ».

Cardillac : Hoffmann a trouvé ce nom chez Voltaire, dans *Le Siècle de Louis XIV*. Cardillac, gentilhomme bordelais, a été le gouverneur du château Trompette à Bordeaux, où Constant d'Aubigné, le fils du grand poète protestant Agrippa d'Aubigné, l'auteur des *Tragiques* (1616), purgeait une peine de prison pour assassinat et brigandage. Délivré par la fille du gouverneur, Jeanne de Cardillac (ou Cardillhac), Constant d'Aubigné épousa sa bienfaitrice en 1627 : de cette union naquit (dans la prison de Niort, en 1635), la future Mme de Maintenon*.

Chapelle : Claude-Emmanuel Luillier, dit Chapelle (1626-1686), fut un modèle de bel esprit, auteur d'épigrammes, de sonnets et madrigaux ainsi que de pièces de théâtre et de nombreux écrits satiriques, lié entre autres avec Racine, Boileau, La Fontaine et Molière. Voltaire lui trouva un « génie débauché encore que délicat, plus naturel que poli, facile dans ses vers, incorrect dans son style, libre dans ses idées ».

Desgrais (ou Desgrez) : d'après Pitaval *(Causes célèbres et intéressantes*, 1737, ouvrage qu'Hoffmann avait lu dans une traduction allemande), Desgrais, lieutenant de maréchaussée, partit pour Liège en 1676, déguisé en ecclésiastique, et se rendit au couvent où s'était réfugiée Mme de Brinvilliers, dite « La Brinvilliers* », empoisonneuse tristement célèbre. Desgrais sut gagner ses faveurs et lui proposa une promenade d'amoureux à la campagne. C'est à la faveur de cette escapade qu'il la fit arrêter. Il la ramena à Paris où elle fut exécutée.

Dreux d'Aubray : lieutenant civil, père de la marquise de Brinvilliers, dite « La Brinvilliers* », qui l'empoisonna en 1666 pour s'approprier sa fortune.

Exili : de son vrai nom Egidi, gentilhomme italien, avait secondé l'apothicaire Glaser* » dans la recherche de la « pierre philosophale » où il engloutit sa fortune. En 1670, il se mit à vendre secrètement des poisons. L'affaire fut découverte. Emprisonné à la Bastille, Exili trouva néanmoins le moyen d'entrer en contact avec un officier de cavalerie également incarcéré, Gaudin de Sainte-Croix*, auquel il communiqua ses connaissances toxicologiques.

Fontanges : Marie-Angélique d'Escorailles (1661-1681), « Belle comme un ange, sotte comme un panier » ; au dire de Choisy elle devint en 1678 la maîtresse de Louis XIV, qui lui donna en 1680 le titre de duchesse de Fontanges. « Je me souviens, écrit Mme de Caylus dans ses *Souvenirs*, d'avoir vu à Saint-Germain le Roi passer du château vieux au neuf pour l'aller voir tous les soirs. » Elle recevait 100 000 écus par mois et l'on estime à trois millions le coût de cette liaison. La faveur royale lui fut retirée à la suite d'une fausse couche. Réfugiée à Port-Royal, elle y mourut peu après. On voulut voir, sans preuve convaincante, la main de Mme de Montespan, disciple prétendue de La Brinvilliers, dans ce brutal dénouement.

Glazer : Voltaire, dans *Le Siècle de Louis XIV*, parle d'un apothicaire allemand nommé Glaser, qui avait consacré son temps à chercher la « pierre philosophale ». En fait, il s'agit d'un chimiste suisse, Christophe Glaser, né à Bâle, qui s'établit à Paris où il devint l'apothicaire du Roi et de Monsieur. Impliqué dans le procès de La Brinvilliers*, il dut quitter la France après une assez longue détention. On lui doit la découverte du sulfate de potasse et de l'huile corrosive d'arsenic. Auteur d'un *Traité de chimie* (1665).

Harlay de Champvallon : François de Harlay de Champvallon (1625-1695), archevêque de Rouen, puis de Paris, issu d'une illustre maison. Le premier président du Parlement, Achille de Harlay, était son cousin. Après le décès de son oncle, archevêque de Rouen, François Harlay, âgé alors de 26 ans à peine, est chargé d'un des sièges épiscopaux les plus importants de France. En 1671, Louis XIV le transfère de Rouen à Paris et lui accorde audience toutes les semaines. « Le Roi avant tout », telle est sa devise. En 1683, il administre et enterre la reine Marie-Thérèse, puis marie secrètement Louis XIV à Mme de Maintenon. Il joue ensuite un rôle important dans la révocation de l'édit de Nantes (octobre

1685). L'extrême souplesse de ce grand prélat politique en faisait un homme redouté des ministres.

Henriette d'Angleterre (1644-1670) : première épouse de Monsieur, frère de Louis XIV, d'où son nom de Madame. Fille de Charles Ier, roi d'Angleterre, et d'Henriette-Marie de France, fille d'Henri IV. Louis XIV s'éprit d'elle pendant le séjour de la cour à Fontainebleau, en 1661, l'année même du mariage d'Henriette. Pour mettre fin aux commérages qui ne tardèrent pas à naître, le roi aurait feint une passion pour Louise de La Vallière*, une des dames d'honneur de la princesse. Madame mourut subitement, peut-être empoisonnée, à Saint-Cloud. Bossuet prononça son oraison funèbre (« Madame se meurt, Madame est morte »).

La Brinvilliers : Marie-Madeleine Dreux d'Aubray (1630-1676) épousa, en 1651, le marquis de Brinvilliers. Elle devint la maîtresse d'un officier de cavalerie nommé Gaudin de Sainte-Croix* que son père, le lieutenant civil Dreux d'Aubray*, fit enfermer à la Bastille. Après avoir été libéré, Sainte-Croix, avec la complicité de La Brinvilliers, fit empoisonner Dreux d'Aubray en 1660, puis les deux fils de celui-ci en 1670. Après la mort subite de Sainte-Croix, en 1672, La Brinvilliers dut s'enfuir aux Pays-Bas. Condamnée à mort par contumace en 1673, elle fut décapitée en 1676 et son corps brûlé. Mme de Sévigné donne une description détaillée de cette exécution dans une lettre du 17 juillet 1676. Le peintre Le Brun, présent au moment de l'exécution, fit alors le dessin de La Brinvilliers qui se trouve au Louvre.

La Chaussée : selon Pitaval *(Causes célèbres et intéres-*

santes, voir Desgrais*), La Chaussée fut l'un des deux valets de Sainte-Croix*. C'est lui qui empoisonna en 1666 sur l'ordre de Sainte-Croix et de La Brinvilliers* le père de celle-ci, le lieutenant civil Dreux d'Aubray*. Il fut condamné et exécuté en place de Grève. L'autre valet de Sainte-Croix, nommé Martin, s'adonna à la fabrication de fausse monnaie.

La Fare : Charles-Auguste, marquis de la Fare (1644-1712). Guidon – c'est-à-dire porte-étendard – des gendarmes du dauphin en 1665, il quitta le service en 1677, acheta en 1684 une des deux charges de capitaines des gardes du duc d'Orléans (*Monsieur*, frère de Louis XIV) et fut maintenu en fonction jusqu'à sa mort.

Auteur d'un livret d'opéra, *Penthée*, dont le duc d'Orléans composa la musique, il est surtout connu pour ses *Mémoires* et par quelques vers agréables, publiés en 1755.

La Reynie : Nicolas de La Reynie (1625-1709), est le fils d'un conseiller du roi. En 1667, Louis XIV lui confie la lieutenance générale de la police qui venait d'être créée. Il ne la quitta qu'après 30 ans de bons et loyaux services. Sous son administration, la santé publique et la salubrité firent à Paris de réels progrès. La sécurité également (éclairage des rues, réorganisation du guet notamment). Il présida la « chambre ardente » (1679-1680) qui eut à juger « l'affaire des poisons ». Saint-Simon lui a décerné en guise d'épitaphe ce piquant éloge : « C'était un homme d'une grande vertu et d'une grande capacité qui, dans une place qu'il avait pour ainsi dire créée, devait s'attirer la haine publique et s'acquit l'estime universelle. »

La Vallière : Louise-Françoise de la Baume de Blanc, duchesse de La Vallière (1644-1710), fut une des favorites de Louis XIV. On la disait angéliquement belle et foudroyée d'amour pour le roi. En 1661, à peine âgée de 17 ans, elle entra en qualité de fille d'honneur dans la maison de Henriette d'Angleterre* qui venait d'épouser Monsieur, frère du roi. Louis XIV, tombé amoureux de sa belle-sœur, fit semblant d'être épris de la suivante de Madame, puis fut la proie d'une réelle passion pour Louise-Françoise de La Vallière qui, de son côté, l'idolâtrait. « Elle aimait le roi et non la royauté et n'aima jamais que lui », nous dit Mme de Caylus. Victime de perfidies et d'intrigues, elle s'enfuit dans un couvent en 1662, mais le roi la ramena à Paris où elle fut sa maîtresse déclarée ; ses enfants furent légitimés et anoblis. Dès 1667, elle dut partager les faveurs du roi avec Mme de Montespan* qui chercha à l'évincer par tous les moyens. En 1674, Louise-Françoise de La Vallière renonça au monde et se retira au Carmel de la rue Saint-Jacques, où elle porta le nom de Louise de la Miséricorde. En 1804, Madame de Genlis (1746-1830) publia un ouvrage sur *La Duchesse de La Vallière*, qui connut un immense succès. Cette imposante biographie tient à fois de la chronique de cour, du roman d'amour et de l'hagiographie. Il est probable qu'Hoffmann en a connu la traduction allemande, parue à Leipzig en 1807.

La Vigoureux : célèbre empoisonneuse, complice de La Voisin*, brûlée en place de Grève (1680). Voltaire *(Le Siècle de Louis XIV)* mentionne également son frère. Le Vigoureux, un prêtre, brûlé lui aussi en place de Grève.

La Voisin : Catherine Deshayes, femme d'Antoine Monvoisin, mercier joaillier à Paris, dite « La Voisin » (1640-

1680), diseuse de bonne aventure et empoisonneuse, avait des relations dans les meilleurs salons de Paris. Elle fut un personnage clé dans « l'affaire des poisons ». Mme de Montespan* aurait été en relation avec elle dès 1667. Racine avait été accusé d'avoir fait empoisonner l'actrice Du Parc, qui était sa maîtresse, par La Voisin. La Voisin fut arrêtée en 1679 par La Reynie*. Son procès se déroula devant la Chambre Ardente. Condamnée à mort, elle fut décapitée et brûlée en place de Grève.

Le Sage : complice de La Voisin*, il célébrait des messes noires travesti en prêtre, et pratiquait des sacrifices d'enfants. Avec La Voisin et La Vigoureux, il fut brûlé en place de Grève.

Locuste : empoisonneuse célèbre à Rome (Ier siècle avant notre ère).

Louvois : François-Michel Le Tellier, marquis de Louvois (1639-1691). Artisan de la puissance monarchique, il poursuivit à la tête du ministère des Armées l'œuvre de son père Michel Le Tellier (1603-1685). Ses capacités administratives n'avaient d'égales que son ambition et sa dureté. Il intervint activement dans « l'affaire des poisons ». Il tomba en disgrâce pour avoir tenté d'empêcher le mariage de Louis XIV avec Mme de Maintenon (juin 1684).

Maintenon : Françoise d'Aubigné, marquise de Maintenon (1635-1719), petite-fille de l'écrivain Agrippa d'Aubigné (1551-1630), calviniste ardent et compagnon d'armes d'Henri IV. Sa mère portait le nom de Jeanne de Cardillac*. Très tôt orpheline, elle fut élevée dans la religion calviniste qu'elle abjura. En 1652, elle épousa le poète Paul Scarron (1610-1660), infirme mais brillant et très fortuné : le couple emménagea dans un hôtel du Marais qui devint vite un rendez-vous à la mode, fréquenté entre autres par Mlle de Scudéry.

Après la mort de Scarron, elle fait la connaissance de Mme de Montespan* qui l'introduit à la cour. En 1674, elle parvient à supplanter Mme de Montespan auprès du roi, reçoit le titre de « Madame de Maintenon » et devient propriétaire du château qui porte son nom. Après la mort de la reine Marie-Thérèse, en 1683, elle épouse secrètement Louis XIV (probablement en juin 1684), sur lequel elle exerce une influence considérable, notamment dans le domaine religieux. Après la mort du roi (1715), elle se retire dans la maison de Saint-Cyr qu'elle avait fondée en 1686 pour l'éducation des jeunes filles nobles sans fortune. C'est à sa demande que Racine écrivit *Esther* (1689), et *Athalie* (1691).

Miossens : le personnage qui porte ce nom dans le récit d'Hoffmann a peut-être été inspiré par César-Phébus, comte de Miossens, puis maréchal d'Albret, sire de Pons : lieutenant général en 1650, capitaine-lieutenant des gendarmes en 1651, il fut maréchal de France en 1653 et changea alors son surnom de Miossens contre le titre de maréchal d'Albret. Intime de Mme de Montespan et de M. de Montespan, son cousin germain, il mourut en 1676, à l'âge de 62 ans. Une fois de plus, Hoffmann prend quelques libertés avec l'Histoire.

Montausier : Julie-Lucine d'Angennes de Rambouillet (1607-1671) avait épousé en 1645 le marquis de Montausier. Sa mère, Catherine de Vivonne-Pisani, marquise de Rambouillet (« l'incomparable Arthénice », par anagramme de Catherine), fut pendant plusieurs décennies l'âme de la brillante société qu'elle recevait dans sa demeure parisienne, le célèbre Hôtel de Rambouillet. C'était, nous dit Saint-Simon « une espèce d'académie de beaux esprits, de galanterie, de vertu et de science ». Madeleine de Scudéry l'avait assidûment fréquenté à partir de 1630 et, lorsque vers 1650 l'Hôtel de Rambouillet fut sur le déclin elle recueillit, par l'institution de ses « Samedis », l'héritage littéraire et mondain de « l'incomparable Arthénice ». Julie d'Angennes, quant à elle, seconda sa mère sans l'éclipser. Admirée pour son esprit et sa beauté elle inspira la célèbre *Guirlande de Julie*, composée en 1641 en son honneur par les meilleurs poètes de son temps à l'initiative du marquis de Montausier qui aurait, dit-on, fait sa cour pendant treize ans avant d'être agréé. Charles de Sainte-Maure, marquis puis duc (1664) de Montausier (1610-1690) tranchait par la franchise et l'austérité de son attitude au point que ses contemporains crurent voir en lui l'original du *Misanthrope* de Molière. En 1668, il fut choisi par Louis XIV pour diriger avec Bossuet l'éducation du dauphin. Comme Mme de Montausier meurt en 1671, il n'est pas possible que Mlle de Scudéry se soit rendue chez elle en 1680, comme le prétend Hoffmann. Cependant, une source allemande d'Hoffmann, *La Chronique de Nuremberg*, écrite par Wagenseil, mentionne l'épisode relaté dans le récit d'Hoffmann.

Montespan : Françoise de Rochechouart, marquise de Montespan (1640-1707) ; fille d'honneur de la reine Marie-Thérèse, elle devint en 1667 la favorite du roi. Cette liaison dura huit ans. Elle fut souvent orageuse puis le roi s'en lassa, au profit de Mme de Maintenon. En 1679, Mme de Montespan aurait fait appel aux services de l'empoisonneuse La Voisin* pour écarter une de ses rivales. D'après une enquête de La Reynie*, Louis XIV aurait étouffé l'affaire, mais Mme de Montespan avait perdu la faveur du roi. En 1691, elle se retira dans un couvent à Paris avant de partir en province où elle consacra les dernières années de sa vie à des exercices de piété.

Montmorency : François-Henri de Montmorency (1628-1695), homme de guerre célèbre, nommé maréchal de France en 1679. Impliqué dans l'affaire des Poisons, il fut embastillé pendant 14 mois. Libéré, acquitté à l'unanimité des juges, il remporta par la suite plusieurs victoires, notamment à Steinkerque (1692) et à Neerwinden (1693), contre Guillaume d'Orange.

Patru : avocat et bel esprit, Olivier (et non pas Claude, comme l'écrit Hoffmann) Patru (1604-1681) fut, au dire de Voltaire, « le premier qui ait introduit la pureté de la langue au barreau ». Il entra en 1640 à l'Académie française. Il plaida peu mais avec le plus grand succès. Endetté, il connut une vieillesse assez démunie.

Perrault : Claude Perrault (1613-1688), médecin et architecte, il conçut avec Louis Le Vau (1612-1670) et Charles Le Brun (1619-1690), la fameuse colonnade du Louvre, achevée pour l'essentiel en 1672. Son frère Charles, l'auteur des *Histoires du temps passé* (1697), avait été nommé par Colbert surintendant des bâtiments du roi et joua un rôle non négligeable dans l'attribution de cette commande.

Sainte-Croix : de son vrai nom Jean-Baptiste Gaudin (ou Godin), officier de cavalerie, amant de La Brinvilliers*. Le père de celle-ci, Dreux d'Aubray*, lieutenant civil aux mœurs sévères, envoya Sainte-Croix à la Bastille en 1663, où il partagea son cachot avec l'alchimiste italien Exili* qui l'initia à « l'art des poisons ». Libéré deux mois plus tard, il imagina, avec sa maîtresse, la mort de Dreux d'Aubray et de ses deux fils. Il fit chanter La Brinvilliers en enfermant dans une caissette devenue célèbre les lettres que la marquise lui avait écrites, les deux obligations d'argent souscrites par elle après l'assassinat de son père, ainsi que plusieurs bouteilles de poison. Il serait mort au cours d'une expérience de chimie, après avoir tenté en vain de supprimer La Brinvilliers.

Scudéry (Mlle de) : Madeleine (Magdeleine) de Scudéry (1607-1701), née au Havre, rejoignit en 1639 son frère Georges de Scudéry à Paris où il avait, non sans succès, commencé une carrière d'homme de lettres. C'était, pour Boileau, un modèle « d'abondance stérile » *(Art poétique*, I, 56). Il prit une part notable aux romans de sa sœur qui fut vite choyée par la société précieuse et sut se faire de hautes relations. Dès 1641, elle commença une carrière de romancière et publia de vastes romans dont *Artamène et le Grand Cyrus* (1649-1653) et *Clélie*[1]

---

1. *Clélie*, roman à clés en dix volumes, qui fut publié en 1654 et 1660, soit, donc, vingt ans avant l'époque où se déroule le récit d'Hoffmann. Les contemporains y retrouvaient différents représentants de la noblesse française. Les personnages portent des noms empruntés à l'histoire romaine, Clélie étant celui d'une jeune fille, célèbre pour s'être enfuie en traversant le Tibre à la nage après avoir été livrée en otage au roi étrusque Porsenna. Mlle de Scudéry introduit dans cette œuvre la fameuse Carte du Tendre : il s'agit de la carte d'un pays imaginaire et qui indique le chemin à suivre pour se rendre au royaume de « Tendre ». Le voyage commence à « Nouvelle Amitié » d'où partent plusieurs voies. On peut emprunter l'itinéraire « direct » en suivant le « Fleuve Inclination » ou bien se frayer un chemin en passant par

qui lui valurent une notoriété immédiate. A l'époque où se situe le récit d'Hoffmann, elle connut également une assez grande audience grâce à ses écrits de moraliste, les *Conversations sur divers sujets*, suivies des *Conversations morales*, rédigées à la demande de Mme de Maintenon* pour les élèves de Saint-Cyr. Elle avait ouvert un salon littéraire où elle fut très entourée. Parmi ses amies, elle comptait Mme de La Fayette, Mme de Sévigné – et Mme Scarron devenue plus tard Mme de Maintenon. Elle possédait l'art de « bien dire », de persuader et de convaincre par la parole, et remporta le premier prix d'éloquence fondé par l'Académie.

Sérons : en fait *Séron*, médecin de Louvois*, mort en 1692. On l'a soupçonné d'avoir empoisonné Louvois. Mais le ministre, dont la mort soudaine fut aussi attribuée à l'annonce d'une disgrâce du roi, semble avoir succombé à l'excès de travail.

Sœur Louise de la Miséricorde : voir La Vallière*.

Soissons : Olympe Mancini (1639-1708), une des nièces du cardinal de Mazarin, sœur de la duchesse de Bouil-

---

les villages « Grand Esprit », « Jolis Vers », « Billet Galant » ; la route se poursuit alors par « Sincérité », « Grand Cœur », « Probité », « Générosité ». A s'écarter trop à droite, on risque de se perdre dans le « Lac de l'Indifférence », après avoir traversé les lieux de « Négligence », « Inégalité » et « Tiédeur ». Aller trop à gauche, serait courir le danger d'arriver à la mer de « l'Inimitié » vers laquelle mène la voie conduisant d'abord à « Orgueil », puis à « Indiscrétion » et « Perfidie ». Enfin, il y a aussi une route vers le « Tendre » qui passe par « Soumission », « Assiduité », « Grands Services » et « Sensibilité » : elle aboutit non pas à la « mer Dangereuse » qui est l'amour, mais à « l'Amitié tendre » assurant le bonheur stable, à l'abri de l'instabilité des passions.

lon*, mère du prince Eugène, illustre capitaine et diplomate au service de l'Empire.

Ambitieuse, vive et cultivée, elle fut aimée de Louis XIV. Intrigante aussi et farouchement jalouse, elle chercha en 1662 à révéler à la reine Marie-Thérèse la liaison du roi avec Mlle de La Vallière*. Compromise dans « l'affaire des poisons », dénoncée par La Voisin* et poursuivie par l'inimitié tenace de Mme de Montespan*, elle dut s'enfuir en 1680 de Paris et mena, trente années durant, une vie errante. Le comte de Soissons mourut convaincu que sa femme l'avait empoisonné.

Table

Présentation 7

MADEMOISELLE DE SCUDÉRY 9

Notices sur les personnages historiques 113